남은 50을 위한
50세 공부법

五〇歳からの勉強法 和田秀樹
"50 SAI KARANO BENKYOUHOU" by Hideki Wada
Copyright © 2016 by Hideki Wada
Original Japanese edition published by Discover 21, Inc., Tokyo, Japan
Korean edition is published by arrangement with Discover 21, Inc. through BC Agency.

이 책의 한국어판 저작권은 BC 에이전시를 통한 저작권자와의 독점 계약으로
(주)예문아카이브에 있습니다.
저작권법에 의해 한국 내에서 보호를 받는 저작물이므로 무단 전재와 복제를 금합니다.

남은 50을 위한 50세 공부법

현실이 된
75세 현역 사회에
인생 후반전을
준비하다

와다 히데키 지음

최진양 옮김

예문아카이브

일러두기
- 이 책의 각주는 모두 옮긴이 주임을 밝혀 둔다.

글을 시작하며

　내 이름이 세상에 알려진 것은 1987년 27세에 쓴 《수능의 요령》이란 책이 베스트셀러가 되고부터다. 이 책은 입시 공부의 혁명을 일으켰다는 평가를 받았다. 그로부터 십삼 년 뒤인 2000년에 《어른들을 위한 공부법》을 펴냈다. 마침 《수능의 요령》을 읽고 성장한 사람들이 삼십 대가 된 시기였다. 사회인으로서 성공하려면 대학 입시 때와는 다른 공부가 필요하다는, 깨달음과 경험을 바탕으로 썼다. 제목 그대로 성인을 위한 공부법을 최초로 다룬 책이라서, 이 책도 초대형 베스트셀러가 되었다.

　그로부터 십여 년이 지났다. 당시 삼십 대였던 독자도 어느덧 사십 대 후반이 되었다. 그리고 나는 오십 대 중반이 되었다. 아주 살짝 앞서가는 인생 선배의 입장에서, 이제 곧 50세를 맞이

할 세대를 위해 이 책《남은 50을 위한 50세 공부법》을 쓰게 되었다.

이 책은 기존 성인 대상의 공부법 책과는 다른 목적을 갖고 썼다. 따라서 각종 자격시험을 대비하는 주입식 공부법이나 바쁜 일상에 짬을 내어 공부 시간을 만드는 방법을 알려주지는 않는다. 오십 대가 되면 지금까지 쌓아 온 것들을 얼마나 잘 활용하느냐, 어떻게 다듬어 나가느냐가 중요하다. 지식이 아니라 어떠한 철학을 가지고 살아 왔는지 질문 받는 시기이기 때문이다.

사실 2012년에《정년 이후 공부법(定年後の勉強法)》을 썼기 때문에, 이 책은 곧 정년을 맞이할 세대를 대상으로 지금 당장 시작할 수 있는 공부에 대해 쓰려고 한다. 자세한 얘기는 뒤에서 하겠지만, 정년 후에 창업을 해서 성공한 사람은 오십 대부터 이미 준비를 시작한 경우가 많다.

오십 대 회사원들은 지금 일하고 있는 분야에서 더욱더 성과를 내야 할 때다. 한편으로 오십 대는 호르몬 저하 등 생리적으로 다양한 노화의 징조가 나타나는 나이고, 전두엽 위축 등으로 동기부여를 유지하는 것 자체가 어려운 시기다. 더구나 나름 사회적 성공을 거뒀는데, 이제 와 다시 새로운 분야의 공부를 시작하는 것도 쉽지 않다.

그렇다면 어떻게 대비해야 좋을까?

이 책에서는 공부를 방해하는 장애물들을 제거해 나가는 방법에 대해서도 얘기해 보려고 한다.

50세 이후부터 실력을 발휘한 사람들

실제로 오십 대가 되어서 진짜 실력을 발휘해 성공하는 사람들은 적지 않다.

이 책을 쓴 나부터가 50세가 되고 나서 다시 책이 팔리기 시작했다. 최근에 출간한 《감정적으로 받아들이지 않는 연습》이 오랜만에 베스트셀러가 되었는데, 연륜이 쌓인 오십 대 중반에 쓴 책이어서 사람들이 읽어 주는 게 아닐까 싶다. 일본을 들썩이게 만든 밀리언셀러 《바보의 벽》이나 《여성의 품격》의 저자들도 모두 "60세는 돼야 밀리언셀러를 쓸 수 있다"는 말을 남겼다. 자기계발서는 연배가 있는 저자가 써야 독자의 신뢰를 얻을 수 있는지도 모른다.

한 가지 예를 더 들어 보자. 나는 고등학생 때부터 영화를 무척 좋아해서 영화감독이 꿈이었다. 도쿄대학교 의과대학에 진학한 것도 가장 점수가 높은 학부에 들어가면 사람들이 내 이야기에 관심을 가져 주고, '의사 감독'이란 타이틀 덕으로 영화를 만들 기회가 생기지 않을까 내심 기대했기 때문이다. 적어도 영화 제작비 정도는 쉽게 벌 수 있지 않을까 하는 발칙한 생각 말이다.

세상이 그렇게 만만하지는 않았지만, 결국 47세 때 처음 메가폰을 잡을 수 있었다. 그리고 마침 이 책을 쓰고 있을 때 NHK에서 내가 쓴 책《수험의 신데렐라》를 바탕으로 드라마가 만들어져 방영되기도 했다.

그리고 52세 때에는 두 번째 영화를 찍었고, 그 뒤로 세 번째 영화도 찍었다. 두 번째 영화는 첫 작품처럼 모나코 국제영화제에서 그랑프리를 포함한 몇 개 부문에서 수상도 했다. 2016년에는 일본감독협회 이사직도 맡게 되었다.

그러니 여러분이 오십 대라도, 절대 꿈을 포기하지는 말자. 뜻이 있는 곳에 길이 있고, 공부하다 보면 길이 열리기 때문이다. 여러분의 생각은 어떠한가?

삼십 대 초반부터 오십 대 중반까지
지탱할 수 있었던 힘의 원천

삼십 대 초반에는 본업에 충실해 당시 미국에서 최고 권위를 자랑하던 캔자스 주립 정신병원에서 정신분석학을 공부했다. 그 후 그곳으로 강연하러 온 인연으로 알게 된 선생님과 3개월에 한 번씩 연락하며 공부를 계속하고 있다.

또한, 삼십 대 말이었던 2000년부터는 모리타 요법*도 공부하기 시작했다. 원래는 스터디 모임에 강사로 초대받았던 것이 계기였는데, 흥미롭다는 생각에 매달 한 번씩 모리타 요법 세미나에 나가 공부를 계속하고 있다.

안티에이징 클리닉 공부를 시작한 것은 사십 대 후반부터다. 당시 세계항가령의학회(世界抗加齡醫學會) 부회장이자 영국의 고 다이애나비 등 세계 유명인의 노화 방지 주치의였던 클로드 쇼샤르(Claude Chauchard) 선생을 사사하기도 했다. 안티에이징을 위한 건강보조식품도 개발하고 있다.

최근 이 년 정도는 아들러 심리학 공부도 겸하고 있다. 아들

---

* 일본의 정신분석학자 모리타 쇼마(森田正馬)가 개발한 정신요법. 신경증 환자가 자신의 불안요소에 집중하기보다는 쾌활하게 행동하는 편이 신경증을 치료하는 데 더 효과적이라고 주장한다.

러 심리학은 모리타 요법과도 비슷한 점이 많다.《미움받을 용기》로 유명한 기시미 이치로(岸見一郞)를 필두로 일본에는 아들러 전문가가 많지만, 일반적인 해석이 아닌 다른 방향으로도 연구가 가능할 거란 생각도 든다.

또한, 2011년에 일어난 동일본 대지진 피해자들을 대상으로 심리치료 자원봉사를 하고 있는데, 앞서 언급한 공부의 성과가 여기에서 발휘되고 있다.

지금 구상하고 있는 것은 바쁜 워킹 맘들의 아이를 대상으로 하는 유아교육 사업이다. 자녀 교육에 관심이 높은 부모들이 안심하고 아이를 맡길 수 있는 유치원이 될 수 있도록 미리 기초 학력을 쌓아 두려고 한다.

이 책을 읽는 당신은 지금
'사추기(思秋期)'

내가 늦은 나이에 이처럼 여러 가지 일을 벌이는 이유는 뭘까? 공부를 좋아하기 때문이기도 하지만, 솔직히 말해 돈을 더 벌고 싶어서다. 아직 영화도 계속 찍고 싶고, 좋은 와인도 더 많이 사고 싶다. 그렇기 때문에 창업도 준비하고 있다.

56세에 창업을 준비한다고 하면, 그 나이에 무슨 창업이냐고 핀잔을 주는 사람도 있을지 모른다. 그러나 사실 창업이야말로 오십 대에게 딱 맞는 이야기일지도 모른다. 그 나이쯤 되면 대개 자녀들도 독립해, 만일 실패한다 해도 가족들에게 부담을 주지 않기 때문이다. 오십 대는 여러 가지 의미에서 자유로운 나이인 것이다.

실제로 일본에는 '1955년생 모임'이 있다. 그해에 태어난 아베 신조(安倍晋三) 총리, 영화배우 가타오카 쓰루타로(片岡鶴太郎)와 이시다 준이치(石田純一), 가수 마쓰토야 유미(松任谷由実), 작가 하야시 마리코(林真理子) 등 각자의 성공 여부와는 별개로 모두 정말로 열심히 살아온 사람들이다.

특히 남자들은 정년을 맞아 퇴직해 회사를 떠나면, 단숨에 교우관계가 좁아진다. 하지만 포기하기엔 이르다. 오십 대, 육십 대가 되어도 충분히 인맥을 넓힐 수 있다.

십 년쯤 전에 하야시 마리코 작가가 간사장으로 있는 문화인 자원봉사 모임인 '엔진01문화전략회의'에 참여해 부간사장으로 일했는데, 그 덕분에 십 년 동안 새로운 사람들을 상당히 많이 알게 됐다.

지금 나는 '사추기'라는 말을 유행시키려고 노력하고 있다.

이 단어를 사용한 책도 몇 권 냈다. 아이에서 어른이 되기까지의 시기가 '사춘기'라면, 어른에서 노인이 되는 시기는 '사추기'다. 중성에서 남녀로 나누어지는 것이 사춘기, 남녀에서 다시 중성으로 돌아가는 것이 사추기인 셈이다.

앞으로 어떻게 나이 들어야 할까? 어떻게 해야 남은 인생에서 다시 한 번 화려하게 꽃을 피울 수 있을까? 어떻게 해야 위험을 줄일 수 있을까?

사십 대부터 육십 대까지 사추기 시기는 사춘기와 마찬가지로 참 중요한 시기다.

프로이트의 《정신분석입문》을 읽는 것이 쓸데없는 짓인 이유

사실상 나의 출세작인 《수능의 요령》을 쓴 계기는, 머리가 좋지 않은 내가 의대에 합격한 것은 혹시 공부법 덕분이 아닐까라는 생각에서였다. 당시 난 무조건 기출문제를 푸는 것부터 공부를 시작했었다. 그 방법으로 대학 입시에 성공했음에도 불구하고 의사국가고시를 앞두고는 무심코 기초지식을 처음부터 공부하는 오류를 범했다. 그 바람에 중요한 본과

2학년 여름방학이 몽땅 날아가 버렸다.

　의대에 입학하고 나서는 실습 이외의 강의에는 거의 출석하지 않고, 독립영화 제작 자금을 모으기 위한 아르바이트에 몰두했기 때문에 기초지식이랄 게 전무했다. 그래서 기초지식부터 쌓자고 생각했다. 다짜고짜 기출문제부터 풀면 왠지 자신감을 잃을 것만 같았다.

　물론 그런 사고방식은 공부를 못하는 학생들의 공통점이다. 단기간에 시험에서 승부를 보고 싶다면 기초지식이 제로에 가까운 상태라도 어쨌든 기출문제부터 풀어 보는 것이 좋다. 문제의 답을 찾는 동안 머릿속에서 지식이 체계적으로 정리되고 저장되기 때문이다. 2,000페이지짜리 교과서를 열심히 읽어 봤자 시간만 낭비할 뿐 문제를 못 푼다는 사실을 뒤늦게 깨닫고 난 후, 겨우겨우 의사고시에 합격할 수 있었다.

　여하튼 중요한 것은 공부 요령, 공부법이다.

　공부를 못하는 학생들은 대개 게으른 사람보다 성실한 학생인 경우가 많다. 남의 말을 곧이곧대로 듣는 사람 말이다. 결코 머리가 나쁘다는 소리가 아니다. 다만 공부 요령이 바람직하지 않은 것이다. 그런 사람들은 자신의 공부법을 변화시키려는 생각조차 하지 못한다. 그 생각을 바꾸는 것이 최대의 과제다.

의대를 졸업한 후, 정신분석을 공부할 때에도 똑같은 생각이 들었다.

만약 한 학생이 정신분석을 공부하려고 프로이트의 《정신분석입문》을 읽겠다고 나서면, 나는 완전히 쓸데없는 짓이라고 조언할 것이다. 이유는 두 가지다.

첫째, 프로이트의 《정신분석입문》은 입문서라고는 해도 사실 초심자가 읽기에는 무척 난해하다. 더욱이 너무 오래된 고전이어서, 우리가 흔히 접하는 정신과 치료와는 너무나 동떨어져 있다.

둘째, 실제로 정신분석을 공부하고 나서야 알게 되었지만, 책에 쓰인 내용은 프로이트 자신이 나중에 모두 사장시킨 이론이다.

이 책에서 프로이트는 인간의 마음을 무의식, 의식, 전의식으로 분류하고 있다. 하지만 이미 1923년에 이 이론은 문제가 있는 것으로 여겨져 프로이트 본인이 사실상 폐기하고 이드, 자아, 초자아로 분류해야 한다고 주장한다. 요컨대 무의식을 의식화하는 게 아니라, 자아를 단련해 이드나 초자아를 컨트롤해야 마음속 병을 극복할 수 있다는 것이다. 자아를 단련하는 것이야말로 인간의 마음을 발달시키는 방법이라고 자신의 입장을 바꾼 셈이다. 그러나 안타깝게도 내가 유학할 때에는 일본에서 그런 식으로 프로이트를 읽는 사람이 없었다(유학했던 곳에서는 당연한 일이었지만).

실제로 어떤 학문의 창시자라도 자신의 주장이나 견해를 바꾸는 경우는 의외로 자주 있다. 창시자니까 가능한 일이겠지만, 프로이트를 연구하는 일본의 수많은 학자는 프로이트의 모든 이론을 마치 경전처럼 여긴다. 애초에 틀린 내용을 공부하는 것이다. 처음부터 공부법이 틀린 까닭이다.

이 책에서 소개하는 공부법은 입시나 각종 자격증 시험을 위한 공부법과 다르다. 나에게는 잘 맞아도 모든 사람에게 적용될 수는 없을 것이다. 그러나 공부는 누구나 언제든지 할 수 있는 것이고, 몸에 익혀 둔 근본적인 방법은 변하지 않는 법이다.

아무리 나이가 들어도 공부하는 법은 배워 두는 편이 좋다. 공부하는 방법만 알아 두면 언제든 머리를 잘 사용할 수 있다는 게 나의 기본적인 믿음, 신념이다. 지적 능력은 공부하는 방법과 공부를 대하는 자세에서 결정된다.

따라서 앞으로 이 책에서 소개하는 50세 공부법을 독자 여러분이 생산적으로 활용해 준다면 저자로서 그보다 더한 기쁨은 없을 것이다.

차례

글을 시작하며 ·· 005

1 50세, 왜 지금 공부가 필요할까?

미리 보는 당신의 이십 년 후 미래 ················· 025

평균수명은 늘어나고, 건강수명은 줄어들고 ······ 034

길어진 인생, 정년 후 준비는 지금부터 ············· 045

공부의 가치가 가장 빛나는 시기, 정년 후 ·········· 050

50세, 전두엽 위축으로 인한 사고력의 노화 ······· 057

| 제1장 요점 정리 | ·· 062

2 50세, 공부를 못하게 막는 장벽은?

의욕을 떨어뜨리는 노화 메커니즘 ·················· 067

공부할 필요성을 못 느끼는 동기부여의 결여 ······· 080

갱년기와 호르몬 불균형, 그리고 우울증 ··········· 091

사고의 유연성을 가로막는 스키마 ················· 099

스스로 노화를 처음 인지할 때 ···················· 107

인간관계 유지에 중요한 감성지수의 하락 ·········· 117

| 제2장 요점 정리 | ·· 121

3 50세, 무엇을 어떻게 공부해야 할까?

지식인에서 사상가로의 변신은 무죄 ·················· 127

공부를 시작할 때 가장 먼저 할 일 ·················· 138

영어를 배워 두면 좋은 이유 ························ 146

영어보다 모국어 실력이 먼저 ······················· 151

독서할 시간이 없다면 '속독'이 아닌 '부분 숙독'으로 ··· 156

| 제3장 요점 정리 | ······································ 160

4 50세부터는 인풋보다 아웃풋?

공부한 것을 아웃풋해서 얻는 세 가지 효과 ········ 165

반론과 비판을 준비하는 아웃풋 ·················· 171

글쓰기와 말하기는 대표적인 아웃풋 활동 ········ 175

아웃풋으로 얻을 수 있는 최대의 보수는? ········ 180

| **제4장 요점 정리** | ················· 182

5 50세부터의 공부가 가져다 주는 이득은?

노화하는 전두엽을 활성화하는 습관 ················ 187

재미있는 할아버지가 되기 위한 조건 ················ 189

건강한 고령자는 모두 수다쟁이? ······················ 191

지금까지의 승리가, 패배가······ 과연 끝일까? ······ 194

남은 50년 인생이 행복하려면 ·························· 195

| 제5장 요점 정리 | ·· 197

글을 마치며 ··· 198

옮긴이의 글 ··· 202

부록 한국의 50세 중년이 다시 공부할 수 있는 곳

대학교, 대학원 ··· 208

방송통신대학교, 사이버대학교, 평생교육원 ········· 209

도서관 등 국공립기관 ······································· 210

K-MOOC ·· 211

직업 교육 ··· 212

그 외 ·· 213

1

50세,
왜 지금
공부가
필요할까?

현대 경영학의 아버지로 유명한 피터 드러커(Peter Drucker)는 자신이 쓴 39권의 책 대부분을 65세 이후에 출간했다. 그는 작가, 교수, 컨설턴트, 그리고 스스로 묘사한 '사회생태학자'로서 오래 활동하였고, 2005년 95세로 세상을 떠날 때까지 집필을 멈추지 않았다.

**미리 보는
당신의 이십 년 후 미래**

현실이 된
75세 현역 사회

나는 1997년 NHK에서 《75세 현역 사회론(七五歲現役社會論)》이라는 책을 냈다.

그 당시 일본의 일반 기업에서는 정년이 55~60세, 노령후생연금*을 받을 수 있는 나이는 60세였다. 그러나 이젠 60세를 노

---

* 일본의 노인연금은 노령기초연금과 노령후생연금으로 나뉜다. 노령기초연금은 국민연금에 10년 이상 가입한 사람이 만 65세부터 수령할 수 있으며, 가입 기간이 40년이 되면 만기가 된다. 본인이 희망할 경우엔 60세 이후부터 노령후생연금을 특별지급 형태로 받을 수 있다. 노령후생연금은 후생연금에 가입한 사람이 노령기초연금의 지급자격 기간을 충족했을 때 만 65세부터 노령기초연금에 일정 금액을 추가로 지급받을 수 있는 연금이다.

인이라 부르는 것이 어색한 시대가 되어 버렸다. 나는 《75세 현역 사회론》에서 74세까지를 영-올드, 75세 이후를 올드-올드라고 구분해 불렀는데, 이 구분법은 시카고대학교의 버니스 뉴가튼(Bernice Neugarten) 교수가 이미 1974년에 발표한 것이다. 내가 이 책을 쓴 취지는 74세까지 건강한 대부분의 사람이 현역으로 일할 수 있는 사회를 만들자는 것이었다.

그 후 2008년 일본에선 75세 이상 국민을 대상으로 하는 후기고령자의료제도가 발족한다. 영-올드와 올드-올드의 구별이 현실화된 것이다. 영-올드와 올드-올드의 차이는 통계 자료를 활용해 뒤에서 상세히 서술할 것이다.

한편 노령후생연금을 지급하기 시작한 후로, 일본에서는 일정 규모 이상의 기업체에서 종업원에게 근로하고자 하는 의사가 있는 한 65세까지 어떠한 형태로든 고용하는 것이 의무화되었다.

게다가 노령후생연금을 지급하기 시작하는 나이를 75세로 단계적으로 끌어올리자는 주장도 목소리가 커지고 있다. 이렇게 되면 정년이 미뤄지는 셈이지만, 고령자 고용을 촉진하는 정책이 만들어질 것은 틀림없다.

사회보장제도나 저출산에 따른 노동력 부족 문제를 이십 년 전 미리 예상한 '75세 현역 사회'가 이제 현실이 되었다. 오히려 이런 사회풍조가 권장이 아닌 의무가 되는 날이 곧 닥칠 수도 있다.

그렇다면 이러한 상황에서 지금 50세를 앞둔 우리가 할 수 있는 것은 무엇일까?

정답은 '공부'다.

문제는 앞으로 이십 년 이상 계속될지도 모르는 직장 생활 동안 자신을 얼마나 차별화할 것인가다. 우리들의 칠십 대는 아버지 세대와 전혀 다를 것이다. 지금은 무엇보다 공부가 필요한 시대다. 대부분의 사람은 앞으로 공부를 계속해야 살아남을 수 있다.

75세 현역을 위해
필요한 준비

당연하지만 중요한 질문이다. 단순히 취미로 공부를 한다면 좋아하는 것을 마음대로 공부하면 된다. 그러나 만약 칠십 대까지도 현역으로 일하기를 희망한다면 그 꿈을 실현시켜 줄 공부를 해야 한다.

<u>가능한 한 자신을 차별화할 것,</u>
<u>자신의 희소성을 갖출 것.</u>

이 두 가지 조건에 도움이 될 공부를 해야 한다.
앞으로는 대체 어떤 사람이 희소성을 가질까?
그 질문에 대한 답을 구하려면 우선 사회 현상을 정확하게 분석하고 예측할 필요가 있다.
지금, 여기—우리가 살고 있는 시대를 분석해 보자.

제4차 산업혁명이라 불리는 AI시대

생각해 보면 내가 《75세 현역 사회론》을 출판한 1997년은 일본에서 노인 문제가 본격적으로 대두된 해이기도 하다. 버블 붕괴, 불량채권 때문에 야마이치(山一)증권과 홋카이도 타쿠쇼쿠(拓殖) 은행이 쓰러졌다. 다음 해인 1998년부터 십사 년간 매해 자살자가 3만 명 이상이었다.

이러한 진통을 동반한 일본 사회의 구조개혁 속에서, 종신고용과 연공서열 풍조는 서서히 성과주의로 바뀌어 갔다.

'국제 표준(Global Standard)'이란 미명 아래 미국식 경영과 몇억 분의 1초 사이에 주식을 매매하는 금융자본주의 하에서 시가총액과 주주 이익을 중시하는 주주자본주의가 확대되었다. 사장과 종업원의 소득 격차가 급속도로 벌어진 것도 바로 이때다.

이전부터 이미 그런 조짐이 있었는지도 모르겠지만, 미국에서 소득 격차가 한층 벌어지게 된 것도, 일본에서 본격적으로 이러한 풍조가 심해진 것도 이 시기부터다.

《21세기 자본론》의 저자 토마 피케티(Thomas Piketty)와 2016년 미국 대통령선거 민주당 대표 후보로 나와 힐러리 클린턴에게 패했지만 예상외로 선전하며 일부 열광적인 지지자를 보유했던 버니 샌더스(Bernie Sanders) 같은 사회주의자가 인기를 얻는 것은 시대의 당연한 흐름이다.

하지만 말 한마디로 소득 격차가 간단하게 줄어들고, 살기 좋은 시절로 되돌아갈 수는 없다. 오히려 앞으로 최소 이십 년 동안은 소득 격차가 확대될지언정 줄어드는 일은 없을 것이다. 그 이유는 바로 AI(인공지능)에 있다.

제4차 산업혁명이라고도 불리는 AI와 인터넷으로 인한, 전혀 새로운 세계의 막이 지금 조용히 올라가고 있다.

AI에게
일자리를 빼앗긴 사람들

일본의 공장에 산업용 로봇이 등장한 것은 1990년대다. 당시에는 사람들이 두 손 들어 환영을 했다. 종신고용, 연공서열 사회였던 까닭에 공장이 자동화되면 해고당할 걱정 없이 일이 편해지기 때문이었다.

그러나 앞으로 AI나 인공지능 로봇이 사무실과 공장에 대량으로 도입되면 상황은 어떻게 변할까?

"로봇을 쓰면 인건비를 줄일 수 있는데, 왜 굳이 인간을 고용하는 거지? 인건비를 줄여서 주식 배당금을 더 많이 내놔야지!"라며 성내는 주주들의 압력에 맞설 수 있는 경영자가 과연 몇이나 될까?

공장만이 아니다. 음식점 등 서비스 업종에서도 로봇 종업원을 오히려 선호할지도 모른다. 더욱이 미국에서는 변호사 업무를, 홍콩에서는 경영을 AI에게 맡기는 곳이 나타났다. 사실 대부분의 의료 서비스도 사람보다 AI가 뛰어나다. 지적인 일일수록 AI가 사람보다 뛰어나다. AI와 겨뤄 이길 수 있는 인간은 거의 없다.

한편 사람들로부터 일자리를 빼앗는 셈이니, 곧 3D 업종 현장에 AI가 도입되어도 문제다. 원자력발전소 폐쇄 작업에 참여해 얼마 안 되는 월급을 받던 사람들이 이제 와 과연 다른 일을 할 수 있을까?

남 얘기가 아니다. 예상하건대 결국 세상 사람의 80퍼센트가 실업자가 될 것이다.

물론 AI와 로봇에게 일을 맡기고 인간은 '기본소득(basic income)'을 받고 고대 그리스의 '시민'처럼 토론과 철학만 해도 되는 시대가 올지도 모른다. 당시에는 노예들만 일을 했다. 그러나 안타깝게도 가까운 시일 내에 그런 날이 올 확률은 2,000만 명의 실업자가 도래할 확률보다 훨씬 낮다.

흔히 일본은 법인세가 지나치게 높다고 비난을 받는데, 실제로는 미국이 더 높다. 그 대신 미국은 소비세(판매세)가 유럽보다 낮다. 그럼에도 불구하고 '법인세를 더 낮추고 소비세를 더 올려야 한다'는, 즉 유럽식 세제가 '국제 표준'이니 따라야 한다고 주장하는 사람들이 많다. 그렇게 되면 누구에게 이익이 돌아갈까? 답은 뻔하다. 법인세가 낮아져야 좋아할 부자들이다. 그러다 보니 부자들의 편을 들어야 일이 들어온다. 책이 많이 팔려 베스트셀러 작가가 되지 않아도 말이다. 언론의 힘이 강한 일본에서는 특히나 더 그렇다. 일본은 선거 기간이 선진국과 비교하면 이상하게 짧아서, 어떤 공약을 내걸든 지명도가 높은 사람이 선거에서 이기는 경우가 많다.

이제 우리는 자신의 몸을 스스로 지켜야만 하는 시대를 살고 있다.

<u>로봇이나 AI가 창출해 낼 수 없는 가치를 만들어 내야만 한다.</u>

AI를 이길 수 있는 일

우리는 AI가 할 수 없는 일을 해야 한다. 그렇다면 지금보다 더 많은 지식을 쌓고, 더 많은 정보를 모아야 할까? 아니, 지식으로는 도저히 AI를 이길 수 없다.

뒤에서 자세히 다룰 예정이지만 앞으로 요구되는 가치는 지식보다 사상이다.

머지않아 더 뛰어난 AI가 나타나 사상적인 면에서조차 인간을 뛰어넘을지도 모르겠지만, 앞으로 삼십 년간은 아마 괜찮을 것이다.

- 정답이 아닌 질문을 생각한다.
- 정답이 없는 분야에 도전한다.
- 다양한 정답을 낸다. 인간의 심리까지 고려한 정답을 찾는다.

지금 단계에서는 아직 인간이 이런 면들에서 AI보다 우세하다. 매뉴얼화 할 수 없는 개별 응대 서비스 역시, 지금의 기술 수준에서는 어렵다. 오감 중에 미각이나 촉각이 중시되는 영역의 일도 아직 전망이 좋다. 요리사 등이 그 예다.

우리는 지금 연공서열과 종신고용이란 신화가 무너진 시대, 연금 지급 연령이 점점 늦어져 나이가 들어도 일할 수밖에 없는 시대를 살고 있다. 심지어 좋든 싫든 AI와도 겨뤄야 한다. 이 점을 항상 염두에 둬야 한다. 지금부터는 공부를 해야만 살아남을 수 있다.

평균수명은 늘어나고, 건강수명은 줄어들고

해마다 바뀌는 고령자의 정의

앞에서 소개한 《75세 현역 사회론》에서는 고령자를 영-올드(65~74세)와 올드-올드(75세 이상)로 구분했는데, 이것은 각각 전기 고령자, 후기 고령자에 해당한다(90세 이상은 '초고령자'다). 그리고 실제로 전기 고령자와 후기 고령자가 처하는 현실은 전혀 다르다. 다음 그래프에서 확인할 수 있듯이 75세를 경계로 치매 혹은 간호가 필요한 신체질환을 가진 사람의 비율이 급격하게 증가한다.

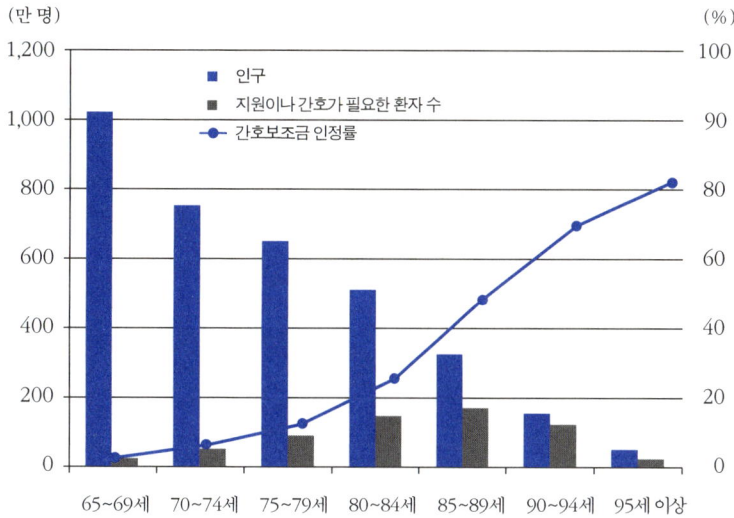

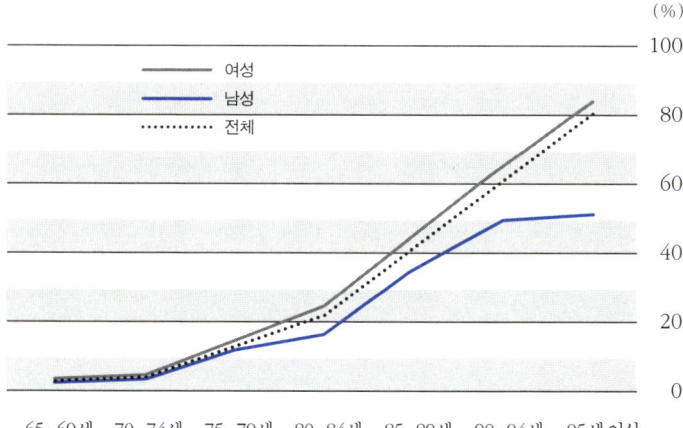

최근 일본 내각부*에서 실시한 설문 조사나 의료 현장에선 현재 65세 이상인 고령자의 정의를 70세 이상으로 바꾸려는 움직임이 보인다.

2015년 일본노년학회(개인적으로 이 학회는 후생노동성의 어용학회라고 생각하지만, 그렇기 때문에 후생노동성의 입장을 명확하게 반영한다)에서 다음과 같은 성명을 발표했다.

"최신 과학 데이터를 분석해 보면, 고령자의 신체 기능과 지적 능력이 해마다 젊어지고 있다. 현재의 고령자는 이십 년 전과 비교하여 5~10세 정도 젊어졌다. 개인차가 있겠지만, 사회활동을 충분히 영위할 수 있는 고령자들이 취업이나 자원봉사 등 사회에 참여할 수 있도록 다양한 기회를 만드는 것이 앞으로 초고령 사회를 대비하는 데 중요하다."

---

* 2001년 총리부, 경제기획청, 오키나와개발청을 통합하여 신설한 일본의 행정기관.

문제는 건강수명과
평균수명의 격차

2014년 일본인의 평균수명은 남성이 80.5세, 여성이 86.83세였다. 하지만 50세 이후 평균여명*은 남성이 32.18년, 여성이 37.96년으로 더욱 늘어났다.

일본은 세계에서 1, 2위를 다투는 장수 대국이다. 건강수명 즉, 간호 받을 필요 없이 자립해서 일상생활에 제한 없이 생활할 수 있는 연령도 남성이 71.19세, 여성이 74.21세(2013년 일본 후생노동성 자료)로 전 세계에서 2, 3위를 다툰다.

문제는 건강수명과 평균수명의 격차다. 즉, 간호를 받아 가며 일상생활에 제한이 있는 상태로 지내는 기간의 길이가 짧아야 하는데, 이것은 남성이 9.02년, 여성이 12.4년으로 결코 칭찬받을 만한 숫자는 아니다.

일반적으로 오십 대는 그럭저럭 육아를 끝내 놓고, 부모님의 간병과 자기 자신의 미래에 대한 걱정을 시작하는 시기다. 독자 중에는 "아니, 80세를 훌쩍 넘긴 우리 부모님은 아직 몸도 정신도 정정하신데?"라고 반박하는 사람도 있을 것이다.

---

* 특정 연령의 사람이 앞으로 평균 몇 년이나 살 수 있을지를 산출한 기대값.

간호가 필요한 상태로 지내는 평균 기간은 십 년 전후인지도 모르지만, 이것은 어디까지나 통계일 뿐이다. 물론 90세가 넘어서까지 자립해 생활할 수 있는 노인도 있다. 수명과 건강수명의 차이가 거의 없는 것이다. 한편으론 이십 년 이상 간호를 받으며 살아가는 사람도 적지 않다. 그러니까 나이가 들면서 가장 중요한 문제는 어떻게 자신의 건강수명을 늘리느냐다.

고령자의 건강수명을 길게 만드는 비결

 최근 이십 년 동안 '노인'이란 단어의 정의가 완전히 변해 버렸다. 일하기 싫은 사람까지 모두가 다 일할 필요는 없지만, 지금 오십 대인 사람은 적어도 앞으로 이십 년은 더 일할 수 있다.

 다만 심신이 모두 건강하고 자립할 수 있을 때의 이야기일 뿐이다.

 60세에 은퇴하고 그 후에 좋아하는 일을 하면서 지내고 싶어도 건강하지 않다면 아무 소용없다. 가능하면 죽기 직전까지 아픈 곳 없이 살다가 건강수명이 다했을 때 임종을 맞이하고 싶은 것이 모두의 바람일 것이다.

그렇다면 건강수명을 늘리려면 어떻게 해야 할까?

대부분의 사람이 식단 조절, 운동, 영양제 등을 통해 신체 기능이 저하되는 때를 대비한다. 문제는 뇌의 노화에 대한 대책이다.

한때 도호쿠대학교 가와시마 류타(川島隆太) 박사의 「두뇌 트레이닝」(뇌를 단련하는 게임)이 일본을 비롯해 여러 나라에서 폭발적인 인기를 끌었다. 딱히 '두뇌 트레이닝'이 아니더라도 뇌를 사용하는 사람이 그렇지 않은 사람보다 건강수명은 말할 것도 없거니와 수명 자체도 길어진다는 연구 결과가 있다. 내가 쓴 다른 책《40세부터 무엇을 어떻게 공부할까》에서도 소개한 내용이지만, 이 자리를 빌려 한 번 더 소개하고자 한다.

다음 페이지의 표는 네덜란드 프라이대학교의 슈미츠 교수팀이 암스테르담 교외에 사는 55~85세의 남녀 2,380명을 대상으로 사 년 후 사망률을 조사한 결과다.

연령, 학력, 심장병 유무, 암의 유무, 정보처리 속도의 수준, 유동성 지능의 수준 중에서 어떤 요인이 사망률과 가장 관계가 있는지 조사한 것이다. 덧붙이자면 '정보처리 속도' 테스트는 최초에 A-G, B-S 등과 같이 한 쌍의 알파벳을 보여주고 그다

나이가 들어서는 지적 능력이 뛰어난 쪽이 장수한다

(슈미츠 〈Am J Epidenmiol vol.150.978.1999〉에서 인용, 일부 변경)

조건		해당 인구 수	4년 후 사망자 수	사망률
연령	55~64세	836명	31명	3.7%
	65~74세	783명	70명	8.9%
	75~85세	761명	162명	21.3%
학력	중졸	952명	132명	13.9%
	고졸	1,084명	93명	8.6%
	대졸	351명	39명	11.1%
심장병 유무	무	1,922명	180명	9.4%
	유	458명	83명	18.1%
암 유무	무	2,172명	227명	10.5%
	유	208명	36명	17.3%
정보처리 속도	0~24.50	1,108명	194명	16.4%
	24.51~50.70	1,200명	69명	5.8%
유동성 지능	2~18	1,219명	182명	14.9%
	19~24	1,161명	81명	7.0%

- 55~85세의 암스테르담 지역 주민 2,380명을 대상으로 실시한 조사에서 드러난 개개인의 조건별 사 년 후 사망률.
- 정보처리 속도, 유동성 지능 모두 수치가 높을수록 지적 능력이 뛰어나다.

음에 KGBS …… 라고 무작위로 쓰여 있는 문자군을 제시해 그 안에서 앞에서 나온 알파벳 쌍을 찾는 테스트다. '유동성 지능' 테스트는 일부분이 지워진 도형을 보여주고 빠진 부분과 일치하는 그림을 선택하게 하는 일종의 퍼즐 테스트다.

학력 수준과 관계없이 장수하는 비결

표를 보면 사 년 후 사망률과 나이가 가장 관련 깊다는 사실은 말할 것도 없으며, 그다음으로 관련이 높은 조건이 '정보처리 속도'였던 점을 주목해야 한다. 즉, 이 테스트에서 상위 1,200명이 속한 그룹의 사 년 후 사망률은 나머지 하위 그룹보다 1/3이나 낮다. 유동성 지능 조사에서도 사망률은 약 두 배나 차이가 나서, 암의 유무에 따른 차이를 상회한다.

요컨대 55~85세에 높은 지능을 유지하고 있다면, 오래 살 수 있다고 기대해도 된다는 뜻이다.

그렇다면 원래 머리가 좋은 사람이 오래 산다고 말할 수 있을까? 자칫 오해할 수도 있지만, 조사 대상자의 학력 수준을 살펴

보면 그 가정이 틀렸음을 알 수 있다. 학력에 따른 사망률의 편차는 조사항목 중에서도 가장 작다. 정확하게 말하면 대졸군보다 고졸군의 사망률이 낮다(중졸군 사망률이 가장 높은 까닭은 나이든 세대일수록 진학률이 낮아 조사 대상자의 평균 연령 자체가 높아서다. 그런 의미에서는 평균 연령이 낮은 대졸군의 사 년 후 사망률이 높다는 결과는 심각하게 받아들여야 한다. 학력이 높은 사람일수록 퇴직 후에 아무 일도 하지 않는 까닭일 것이다).

즉 젊은 시절 공부를 잘했거나 열심히 했어도, 과거의 지능은 말 그대로 과거의 일일 뿐 수명과 거의 관계가 없다. 그보다 중요한 것은 나이가 든 후까지 지능을 유지하느냐다.

그러므로 공부해야 한다. 사십 대부터 육십 대까지 지속적으로 공부할 것. 공부야말로 어설픈 건강 관리나 과도한 운동보다 더 오래 장수하는 비결이다.

노동 인구가 격감한
초고령 사회가 요구하는 능력

앞선 조사에서도 증명되었듯, 명문대를 나오고서도 전혀 공부하지 않는다면 일에서도 성과를 내지 못하고, 평범한 오십 대가 될 뿐이다. 실제로 그런 사람도 많다. 반대로 소위 '지잡대'를 나와서도 노력하여 성공하는 사람 역시 적지 않다. 학력은 단지 십 대 시절에 시험을 얼마나 잘 봤는지를 나타내는 지표에 지나지 않기 때문이다. 다만 과거의 경험을 쉽사리 무시하는 요즘의 풍조에는 의문이 든다.

사립대를 중심으로 해마다 입시 과목이 줄면서 고등학교에서도 시험을 안 보는 과목은 전혀 가르치지 않는다. 요즘은 AO입시*를 통해 일반적인 수험 공부를 하지 않아도 대학에 들어갈 수 있게 됐다. 그 결과, 수학을 못하거나 일본사나 세계사에 대해 무지한 학생이 유명 대학을 나와 일류 회사에 취직하기도 한다.

이러한 일들이 아무도 모르는 사이에 국력을 저하시키는 건 아닐까?

예전의 학생들은 주입식 교육을 받고 대학에 들어갔다. 그런 까닭에 수동적이고 창의력이 없다는 비판을 종종 받았다. 하지만 요즘 컴퓨터, 스마트폰을 사용하다 보면 '옛날 일본 제품은 잘 고장나지 않았는데'란 생각이 슬며시 고개를 든다. 이렇게 대충 만들면 고객들의 클레임이 빗발칠 텐데, 어떻게 회사에서

---

* 학업 성적이나 기타 다른 활동 등에 관한 서류와 면접 등으로 종합적으로 평가를 내려 학생을 선발하는 일본의 입시 방법 중 하나. 국내의 입학사정관제와 비슷하다.

제품 출시를 허락했을까?

YKK 지퍼가 세계에서 잘나가는 이유는 외국산 지퍼가 달린 옷을 입어 보면 단번에 알 수 있다. 지퍼라는 발명품의 특허 기간은 벌써 끝났지만, 일본인이 만들면 뭔가 다른 것이다. 성능이 좋은 일본산 베어링 때문에 좀처럼 종이가 걸리지 않는 것이 얼마나 뛰어난 장점인지, 다른 나라 복사기를 사용해 보면 알 수 있다.

이대로라면 그동안 높은 기술력과 특유의 성실함으로 유명했던 일본 제품의 강점이 사라져 버리지 않을까 걱정된다.

그런 점에서 중장년층이 유리할지도 모른다. 같은 대학을 나왔다면 지금의 젊은 대졸자보다 오십 대들의 능력이 뛰어나리란 사실을 충분히 납득할 수 있기 때문이다.

젊다고 해서 무조건 창의력이 뛰어난 것은 아니다. 잠재능력이 높은 것도 아니다. 그것은 어디까지나 개인차다. 철저한 능력주의 나라인 미국에서는 연령차별금지법이 있어서 나이가 많다고 홀대받는 경우가 없고, 직원을 뽑을 때에도 연령을 제한하지 못한다. 노동 인구가 격감하는 초고령 사회 역시 곧 이렇게 변할지도 모른다.

그날을 위해 공부를 계속하고 자신만의 지식과 기술을 날마다 업데이트해야 한다.

길어진 인생,
정년 후 준비는 지금부터

60세 이후에
창업이 힘든 이유

　　　　　75세 현역 사회라고는 해도 현실에서 60세 넘어서까지 일선에서 일할 수 있는 사람은 기업 내에서 사장이나 대기업 임원, 희소성 있는 기술의 소유자거나 낙하산 관료 정도일 테고, 혹은 대학 교수, 변호사, 개업의 등 전문직 종사자들일 것이다. 일반 회사원은 60세 혹은 정년 이후에 새로운 일을 찾아야만 한다.

　특히 회사원인 경우, 50세는 임원이 될 수 있을지를 평가받는 나이이기도 하다. 그리고 두 말 할 것도 없이 임원까지 승진하는 사람은 극소수에 불과하다. 대부분의 회사원은 정년 이후의 인생을 준비해야만 한다.

창업은 정년 후 인생의 수많은 선택지 중 하나다. 최근에는 60세든 65세든 정년을 앞두고 창업을 생각하는 사람이 적지 않다. 이미 앞에서도 언급했지만 지금의 젊은 육십 대를 생각하면 충분히 가능하다.

자녀도 이미 성인이 되어서 가족을 부양해야 하는 책임에서도 얼마간 자유로워서, 오히려 리스크를 만회하기 쉽다. 유명해지고 싶고, 부자가 되어 자랑하고 싶고, 인기가 있었으면 하는 불순(?)한 동기(그것만으로도 좋다고 생각하지만)로부터도 자유로워져서 건실한 사업 경영이 가능한 것이다.

그러나 정년 후 창업 컨설팅을 업으로 삼은 지인에 따르면 정년 후에 창업을 해서 성공하는 케이스는 정년 후에야 부랴부랴 창업 강좌를 찾아 다니는 사람이 아니라 퇴직하기 전 오십 대 혹은 그보다 더 빨리 사십 대부터 미리 어느 정도 계획을 세운 사람이라고 한다.

그러나 자세히 들여다보면 실제 준비한 내용보다 의욕의 문제가 더 크다. 창업을 하려면 사업 계획을 세우는 능력이 필요하다. 그런데 나이가 들면 전두엽이 노화하기 때문에 의욕이 저하하기 쉽다(이 부분은 다음 장에서 상세히 풀어 놓겠다). 의욕이 저하하면 특히 실제로 창업을 준비할 무렵에 따르는 여러 어려움에 맞서 유연하게 대처를 못하거나 포기가 빨라지는 것이다.

따라서 창업은 정년 후에 하더라도 계획은 미리 세워 두는 편이 낫다.

젊은 사람에게 없는
고령자만의 경쟁력

하루가 멀다 하고 세상을 떠들썩하게 만드는 것은 젊은 사람들의 창업 아이템이다. 하지만 육십 대 이상의 금융 자산이 전체의 70퍼센트를 차지하는 지금, 메인 타깃을 붙잡는 비즈니스는 오히려 오십 대 사람들의 몫이 아닐까?

35쪽 '일본 인구 통계 및 간호보조금 실태 조사' 그래프를 보면 65세 고령자 가운데 80퍼센트는 간호가 필요하지 않다. 3,200만 명 중에 간호가 필요한 사람은 600만 명 정도에 지나지 않는다. 즉, 약 2,600만 명에 대한 비즈니스 기회는 여전히 열려 있는 것이다. 지금은 TV 홈쇼핑에서 파는 건강식품과 효도 여행 수준인 거대한 시장이 우리를 기다리고 있다.

그러나 젊은 사람들은 고령층의 니즈를 좀처럼 파악할 수 없다. 모르기 때문이다. 이런 때야말로 동세대에 의한 기획 상품이 경쟁력을 갖지 않을까?

예전에는 남자들이 여성 속옷이나 생리용품까지 기획했다. 여자 한 명 없는 회의를 통해 여성용 상품을 개발하고 만들었다. 지금도 결정권자는 남자인 회사가 많을지도 모른다. 그러나 대부분의 정보가 이미 널리 퍼진 지금, 소비자의 시선으로 상품을 개발하지 않으면 새로운 시장을 개척할 수 없다. 여성용 제품은 여성이 만드는 편이 소비자의 니즈를 정확하게 파악할 수 있다. 고령자를 대상으로 하는 비즈니스도 마찬가지다. 고령자용 상품을 기획하려면 고령자가 필요하다.

퇴직 시기를 미루거나 재취업을 하는 선택지도 있겠지만, 주부들의 깐깐한 시선으로 상품 기획이나 신상품 모니터링 네트워크를 구축해 비즈니스를 펼치는 회사가 설립될 정도이니(마찬가지로 고등학생 네트워크를 앞세워 고등학생이 차린 마케팅 회사도 있다), 고령자 네트워크에서 얻은 마케팅 정보를 제공하는 고령자 전문 회사도 충분히 창업할 수 있을 것이다.

그러려면 오십 대부터 회사를 떠나 네트워크를 만드는 데 힘써야 한다. 그 역시 훌륭한 '공부'다.

사회 경험이 풍부한
오십 대에 적합한 일

마지막으로 자신에게는 창업을 할 만한 행동력이 없다고 느끼는 사람들에게 해당하는 조언이다. '산업 카운슬러' 같은 자격증을 따면 어떨까? 나는 현재 대학원에서 임상심리를 가르치고 있는데, 오십 대부터 정년이 지난 사람까지 수많은 중장년층이 임상심리사 자격증을 따려고 공부하고 있다.

실제로 2015년부터 일본에서는 후생노동성이 일정 규모 이상의 사업장에 직장 내 심리상담을 의무화하는 등 심리상담 분야는 간호 사업과 함께 앞으로 수요가 확대될 것으로 보인다. 사회 경험이 쌓인 오십 대 이상의 사람들에게 걸맞는 일이다.

이것은 일례에 지나지 않는다. 공부하기 나름이겠지만, 창업이나 독립, 혹은 지금까지 해 왔던 분야와는 다른 직종으로의 취업까지 정년 후 인생의 선택지는 의외로 다양하다.

> ## 공부의 가치가 가장 빛나는 시기,
> ## 정년 후

정년 후에 더욱 필요한
친구 만드는 법

창업도, 독립도 하고 싶지 않다. 정년 후 마음 맞는 친구들과 왁자지껄 지내면서 여유로운 노후를 보내고 싶어 하는 사람도 있을 것이다. 그렇다면 특히 남성의 경우는 더더욱 공부가 필요하다.

비즈니스 상의 이해관계가 사라진 뒤, 즉 당신에게 이미 '이용가치'가 없어진 뒤에도 당신과 연락을 지속하고 싶어 하는 사람이 과연 몇이나 있을까?

정년 후, 많은 사람이 현역 시절 교류하며 지내던 사람들이

썰물 빠지듯 사라지는 쓸쓸함을 느낀다. 모두 당신의 후임자 주위에 모이는 것이다.

안타깝지만 어쩔 수 없는 일이다. 그런 사람들은 일을 하면서 필요에 의해 알고 지낸 '인맥'일 뿐이다. 서로 업무상 얻을 게 있기 때문에 이어지는 관계는 서로의 인맥을 공유하면서 더욱 확장된다.

일을 그만둔 뒤에도 교제가 이어진다면 그것은 비즈니스를 떠나서도 서로 이득을 얻기 때문일 것이다. 그런 관계를 사람들은 친구라고 부른다. <u>정년 이후는 인맥 대신 친구를 만드는 시기</u>이기도 하다.

그렇다면 직장을 떠난 뒤 우리가 사람들에게 줄 수 있는 이득은 무엇일까?

함께 있는 것만으로도 마음이 평온해지는 군자라든지 나이가 들어도 다른 사람들이 넋을 잃을 정도로 용모가 뛰어나든지, 널리 알려진 유명인이라면 딱히 별다른 노력을 하지 않아도 사람들이 주위로 모여들지 모른다. 하지만 평범한 사람은 그렇지 못하다. 적어도 나에게는 무리다.

매력적인 사람에게는 언제나 재미있는 화제가 있어서 함께 있으면 자극을 받기 마련이다. 또 그런 사람들과 어울리다 보면 자극을 주는 사람도 많이 만날 수 있다. 몰랐던 것을 알게 되면서 세상이 넓어진다. 공부를 하면 우리도 매력적인 사람이 될 수 있지 않을까?

그렇다. 공부는 노후의 인간관계를 넓혀 가는 데에도 도움이 된다.

와인을 좋아하는
진짜 이유

그래서 나는 와인 공부를 시작했다. 또 정기적으로 와인 모임도 열고 있다. 원래 와인을 좋아하기도 하지만, 와인은 혼자 마시기 힘든 술이다. 와인은 여러 사람들과 마셔야 한다.

슬프게도 내 나이쯤 되면 쉽게 구할 수 있는 2, 30만 원대 와인으로는 좀처럼 사람들이 모이지 않는다. 하지만 좋은 와인을 마시고, 와인에 대한 지식을 쌓으면 이야기는 달라진다.

매달 한 번, 약 1,000만 원어치의 와인을 해치운다. 흥에 겨우면 무심코 그보다 비싼 와인도 딴다. 끝까지 와인의 맛을 모른 채 모임이 끝나 버리는 경우도 있지만, 그래도 괜찮다고 생각한다.

사람들과 마실 와인을 사러 미국까지 가거나 알음알음 소개를 받아 지인의 와인을 사들이기도 한다. 얼마 전에는 경매에도 처음 가 보았는데 그만 경쟁이 붙어서 3,500만 원이나 써 버리고 나중에야 사색이 되었다.

남들이 보면 어리석은 일이라고 손가락질을 할지도 모른다. 내가 아니라 와인 때문에 사람이 모인다는 사실 역시 충분히 자각하고 있다. 확실히 나에게 매력이 있다면 값싼 와인으로도 사람들을 모을 수 있겠지만, 매력이 없으니 달리 방법이 없다. 그러니까 열 병에서 스무 병 정도, 사람들의 감탄을 자아낼 와인으로 "맛보러 올래?"라고 사람들을 불러 모으는 것이다.

잠깐 나의 와인 이야기로 넘어가 보자.

나는 미국의 컬트 와인을 모으며 와인 마니아 인생을 시작했다. '오퍼스 원(Opus One)'은 미국에서 상당히 유명한 고급 와인이지만, 사실 그보다 귀한 캘리포니아 와인도 많다. 정해진 밭에서 수확한 포도로 만들어야 좋은 등급을 받는 프랑스와 달리 미국은 맛만 좋으면 곧바로 가격이 올라가는 까닭에 자본주의 경쟁에서 '신데렐라 와인'이라 불리는 술이 잇달아 등장한다. 그런 와인을 찾아내 대접하면 환영을 받는다. 미국 와인은 프랑스 와인과 달리 개봉하자마자 바로 마셔도 맛있고, 초보자도 쉽게 맛을 구분할 수 있어서 친구 늘리기에 안성맞춤이라

추천한다.

그렇지만 진짜 와인 마니아들에게는 인정받기 어려워, 결국 프랑스산 명품 와인에도 손을 대기 시작했다.

예를 들어 '루팡 2000년', '페트루스 75년', '라플뢰르 82년' 같은 프랑스의 포므롤 지방의 명품 와인을 몇 병 손에 넣었다고 가정해 보자. 프랑스 와인은 미국 와인과 달리 그 특징과 가치를 모르면 수집할 수 없고, 손님에게 대접할 때 설명할 수도 없다. 그렇다는 얘기는 설명을 할 수 있으면 많은 사람에게 기쁨을 줄 수 있다는 의미다(높은 가격만으로 기뻐할 사람도 많을 테지만).

그러니까 공부를 해야 한다.

라면이나 재즈 음악을 좋아하는 사람들도 있겠지만, 나는 와인이 좋다. 나에게는 와인 공부가 인간관계를 넓히고 유지해 가기 위한 필수 과목인 탓이다(와인 취미를 아니꼽게 여기는 사람도 있어서 요즘은 라면에 대해서도 공부하고 있다).

사십 대 후반부터 친구가 갑자기 늘어난 것은 앞서 말한 문화인 자원봉사 활동 때문만은 아니다. <u>와인과 라면을 잘 알기 때문에 사람들과의 친목이 깊어진 까닭도 있다. 하지만 주의할 점이 있다. 단순히 돈만 쓰는 것이 아니라 공부를 해야 단골 가게도 많아지고 즐거움도 더해진다.</u>

정년 후 풍요로운 라이프를
즐기는 비결

친구를 만나거나 적극적으로 모임에 나가 활동하다 보면, 자연스레 이성이든 동성이든 호감 가는 사람을 만나게 된다.

그렇게 되면 외모에 신경을 쓰거나 박학다식함으로 그 사람의 마음을 얻으려고 더욱 열심히 공부를 하게 된다. 오해는 말자. 불륜을 권장하는 건 아니다. 하지만 호감 가는 사람과의 새로운 만남은 자신의 외모와 연령, 다시 말해 건강수명을 좋은 쪽으로 개선한다.

일본에는 오십 대에게 이십 대 이성 친구 만드는 법을 알려주는 책도 있다. 부자나 연예인이라면 모를까, 평범한 중년 샐러리맨에게 딸이나 친척, 회사 외에 젊은 사람, 특히 젊은 여성과 마주할 기회는 거의 없다. 영화배우 수준의 미중년이라고 해도 젊은 여성들에게는 아저씨일 뿐이다. 눈에 들어오지 않는다. 사회적 지위를 이용하면 성폭력이 된다. 그러나 공부를 하면 어떨까? 남들 눈에 좋게는 안 보이겠지만, 깊고 넓은 지식으로 어필하면 적어도 배울 게 있는 아저씨로서 친하게 지낼 가능성은 커진다.

성별을 떠나 음악이나 미술, 문학, 전통 예술 등의 취미를 만들어 콘서트나 미술관에 다니면서 공부를 하는 편이 좋다. 같은 취미를 가진 사람들과의 새로운 만남이 제법 많기 때문이다. 개중에는 연예인 수준으로 뛰어난 용모의 미남미녀, 젊고 매력적인 강사가 있을지도 모른다. 그 사실만으로 마음이 들뜨고 심신의 안티에이징이 될 것이다.

불순(?)한 동기로 시작하더라도 공부는 중장년의 몸과 마음에 도움을 준다. 뇌와 마음이 젊어진다. 풍요롭고 충실한 정년 후 라이프를 즐기기 위해서 더 늦기 전에 50세부터 공부를 시작할 것을 추천한다.

50세,
전두엽 위축으로 인한 사고력의 노화

나이 들수록
오히려 좋아지는 지능

명석함을 여러 가지로 정의내릴 수 있듯이, 지성 역시 여러 가지로 분류할 수 있다. 그중에는 단순 기억력이나 정보처리 속도처럼 젊을수록 유리한 지능이 있는가 하면, 나이가 들어도 거의 변화하지 않거나 오히려 좋아지는 지능도 있다. 나이가 들수록 좋아지는 지능 가운데 하나가 '인지적 성숙'이다.

쉽게 말해 '검은색과 흰색 사이에 회색을 몇 가지나 인정할 것인가' 혹은 '한 가지 질문에 몇 개의 답을 생각해 낼 수 있는가'를 측정하는 지적 능력이다.

어린 아이나 동물의 경우, 조금 먹으면 약이 되지만 많이 먹으면 독이 되는 음식을 모두 독이라고 인식한다(아이의 경우, 부모가 일부러 그렇게 인식시킨다). "이 음식은 많이 먹으면 큰일 나니까 조금만 먹자"라는 말을 이해하는 시기는 조금 더 성장하여 인지적 성숙도가 높아진 뒤다.

초등학교 저학년 아이들은 다른 사람의 의견을 인정하지 않고 "선생님이 말씀하셨으니까 이렇게 하는 게 맞아"라고 막무가내로 우기거나 만화 영화 속 캐릭터를 영웅 아니면 악당으로 나누고 싶어 한다. 악당에게도 나름의 사정이 있고 누군가에게 영웅일 수 있는 가능성을 전혀 이해하지 못한다.

그러한 아이들도 사회 경험을 쌓아 가면서 세상에는 적인지 아군인지, 선인지 악인지 단순하게 양분할 수 없는 일이 무척 많다는 것을 배우게 된다. 또한 모든 일을 규칙이나 전례, 권위로 몰아붙이지 않고 여러 가능성을 내다보고 다양한 선택지를 고려할 수 있게 된다. 모든 일에는 예외 상황이 있고, 다양한 가치관을 가진 사람이 함께 살고, 자신의 상식이 모든 이의 상식이 될 수 없고, 자기 생각대로 세상만사가 풀리지 않는다는 것을 깨닫게 된다.

이 모든 게 인지적 성숙도가 깊어졌다는 증표다. 인지적 성숙도는 일반적으로 어른이 될수록 향상한다. 그에 따라 사고가 유연해지고 규정에 얽매이지 않는 자유 역시 함께 커진다.

'경험 법칙의 덫'에 걸리지 않는 방법

그런데 참 난처하게도 인지적 성숙도는 50세 전후로 퇴행하는 경향이 있다. 나이가 들수록 유아기 때처럼 흑 아니면 백, 모 아니면 도로 모든 것을 구분 지으려 한다. 확실하게 편을 가르지 않으면 직성이 풀리지 않는다. 자신이 직접 경험했기 때문에 자기 의견이 절대적으로 옳다며 반대 의견에 귀를 기울이지 않는다.

전두엽이 노화하면서 일반적으로 발생하는 사고의 노화 현상인데(전두엽에 관해서는 다음 장에서 자세히 다룰 예정이다), 사고가 노화하는 속도는 개인차가 커서 젊은 사람들 사이에도 이런 사람을 드물지 않게 볼 수 있다. 자칫하면 '경험 법칙의 덫'에 빠지기 쉽기 때문이다. 사회 경험을 쌓아 세상의 복잡함을 이해하는 한편 시행착오 끝에 바람직한 방법을 찾으면 그것만이 정답이라고 믿게 된다.

경험 법칙은 일의 처리 속도를 높이고 실패를 줄이는 장점이 있지만, 단 한 번의 성공 사례에 사로잡혀 새로운 가능성에 도전하는 것을 방해한다. 그래서 '덫'인 것이다. 경험 법칙의 덫에 걸리지 않고 꾸준히 새로운 발상을 하려고 노력하는 사람만이 비즈니스에서 성공한다.

일본의 예를 들어 보자. 일본 내에 편의점 문화를 정착시킨 '세븐일레븐'의 스즈키 도시후미(鈴木敏文) 사장이 일반적으로 굳어진 경험 법칙을 깨고 고객의 다양한 잠재적 니즈를 포착해 낸 사실은 널리 알려져 있다.

예를 들어, 겨울철에는 아이스크림이 팔리지 않는다는 경험 법칙을 깨고 아이스크림을 팔 수 있다는 사실, 뭐든지 가격이 저렴해야 잘 팔린다는 당시의 상식을 깨고 혼자 생활하는 사람에게는 다소 비싸더라도 용량이 작은 상품이 환영받는다는 사실을 입증해 냈다.

학계에는 자신의 학설만이 절대적으로 옳다며 물러서지 않는 사람이 무척 많다. 어쩌면 자기 주장이 강한 학자가 더 현명하게 보일지도 모른다. 그러나 단정적 사고를 하게 만드는 공부는 주객전도다.

실제로는 자신의 학설만 고집하고 막무가내로 물러서지 않는 사람보다 '이러한 방법도 있습니다' 또는 '이러한 가능성을 생각해 보면 어떨까요?'처럼 다른 사람의 의견을 경청하고 도전해 보자고 말하는 쪽이 훨씬 현명하게 보인다(실제로도 더 현명하지만 말이다).

<u>어른의 공부는 유일한 진리나 사실을 추구하여 하나의 답에 도달해야 하는 것이 아니라 여러 가지 정답이 있다는 사실, 여러 가지 가능성을 찾기 위함</u>이다. 그것은 나의 신념이기도 하다.

나 역시 내 의견이 반드시 옳을 수 없다고 항상 생각한다. 실제로 해 보기 전까지는 아무도 모르는 일이고, 여러 가지 답이 있으니까 상대의 주장이 잠정적으로 옳을 수도 있다.

역사도 마찬가지다. 물론 하나의 진실이 있을지도 모르지만 다양한 해석이 있어서 흥미로운 학문이다. 경제학이나 심리학에도 어느 한 가지 학파를 추종하는 게 아니라 여러 가지 주장 혹은 개별 사례와 환자에 대해 여러 가지 가설을 세우는 학자가 끝까지 살아남는다.

그러니까 공부해야 한다.

경험 법칙에 의존하지 않고 항상 새로운 방법에 도전하려면 공부가 반드시 필요하다.

| 제1장 요점 정리 |

50세, 왜 지금 공부가 필요할까?

1. 75세 현역 사회가 현실로 다가오고 있다.

    칠십 대까지 지적, 신체적 수준이 저하하지 않는 고령자의 수가 점점 늘어나고 있다. 75세 현역 사회에 대비하려면 자신을 차별화하고 자신만의 희소가치를 갖춰야 한다.

2. 공부는 건강수명을 높일 뿐만 아니라 장수하는 비결이기도 하다.

    뇌를 사용하면 건강수명은 말할 것도 없거니와 수명 자체도 길어진다. 공부야말로 어설픈 건강 관리나 과도한 운동보다 좋은 장수의 비결이다.

3. 정년 후에도 일을 하려면 50세부터 준비를 하자.

    정년 후에 창업해서 성공하는 사람은 따로 있다. 정년 후에야 부랴부랴 창업 강좌를 찾아 다닐 것이 아니라 퇴직하기 전 혹은 사십 대부터 어느 정도 준비를 해 둬야 한다. 창업은 정년 후에 하더라도 계획은 미리 세워 두자.

4. 어떻게 공부를 하느냐에 따라 가능성은 무한히 확장된다.

창업이나 독립 혹은 지금까지 해 왔던 분야와는 다른 직종의 일까지…… 정년 후 인생의 선택지는 의외로 다양하다. 모든 것은 자신이 어떻게 공부하느냐에 달렸다.

5. 정년 후에는 친구가 중요하다.

공부는 자칫 좁아지기 쉬운 노후의 인간관계를 넓혀 중장년의 몸과 마음에 도움을 준다. 뇌와 마음도 젊어진다. 풍요롭고 충실한 은퇴 라이프를 즐기기 위해 더 늦기 전에 공부를 시작하자.

6. 공부는 지성의 퇴행을 막는다.

공부를 할수록 사고는 유연해지고 규정에 얽매이지 않는 자유 역시 함께 커진다. 인생은 유일한 진리나 사실을 추구하여 하나의 답에 도달해야 하는 것이 아니라 여러 가지 정답이 있다는 사실, 여러 가지 가능성을 찾아가는 과정임을 항상 염두에 두자.

2

50세,
공부를
못하게 막는
장벽은?

레이 크록 Ray Kroc 은 밀크쉐이크 기기를 판매하는 세일즈맨이었다. 믹서를 팔러 다니던 그는 우연히 맥도널드 형제가 운영하는 가게에 들렀다가 단순하면서도 실용적인 식당 이미지에 이끌려 가게를 인수하기로 결정한다. "나는 당시 53세였다. 당뇨병에 관절염 증상도 보이기 시작했다. 쓸개도 그렇고 갑상선도 모두 성치 못했다. 하지만 나는 이 사업이 성공하리라 믿어 의심치 않았다." 크록은 '내 삶의 주인공은 바로 나'라는 생각으로 새로운 도전을 시작한 것이다.

의욕을 떨어뜨리는 노화 메커니즘

유지되는 지능, 떨어지는 의욕

제1장 '50세, 왜 지금 공부가 필요할까?'에서 다룬 것처럼 우리가 일반적으로 품고 있는 고령자의 이미지 ― 운동 기능이 저하해 동작이 둔해지고 보행 속도가 느리며, 기억력, 판단력 등 IQ 테스트 점수가 떨어지는 증상 ― 는 사실 75세 이상부터 나타나는 특징이다. 개중에는 팔십 대까지 정정한 분들도 있다.

너무 옛날 조사라 소개하는 것이 민망하지만, 도쿄의 고가네이(小金井) 지역에 거주하던 주민들을 조사한 '고가네이 연구' 결과에서도 73세 고령자들의 동작성 지능과 운동 지능의 수치가 평균 100을 넘었다.

다음 그래프는 1980년대 후반 고가네이 지역에 거주하는 칠십 대 고령자 300명을 무작위로 선발해, 웩슬러 성인 지능 검사(WAIS, Wechsler Adult Intelligence Scale)를 시행하여 삼 년간 추적 조사를 한 결과다.

지능면에서는 네 가지 부문 ― 언어성 지능, 동작성 지능, 언어적 기억, 도형적 기억 ― 으로 나눠 조사했는데, 모두 삼 년 뒤까지 수치가 떨어지지 않았다.

그래프에서도 확인할 수 있듯이 일반적으로 동작성 지능은 연령에 따라 차츰 저하하지만, 반대로 언어성 지능은 나이가 들어도 유지된다. 즉, 육십 대의 지능은 사오십 대와 별반 다르지 않다. 나이가 든다고 머리가 나빠지거나 거동을 못하는 게 아니다.

문제는 머리를 쓰거나 걷는 일이 귀찮아지는 것이다.

<u>공부를 시작할 때 가장 먼저 주의해야 할 점이 바로 의욕이다.</u>
50세가 되면 공부를 시작할 때의 의욕을 얼마나 오래 유지하느냐가 최대의 과제인 셈이다.

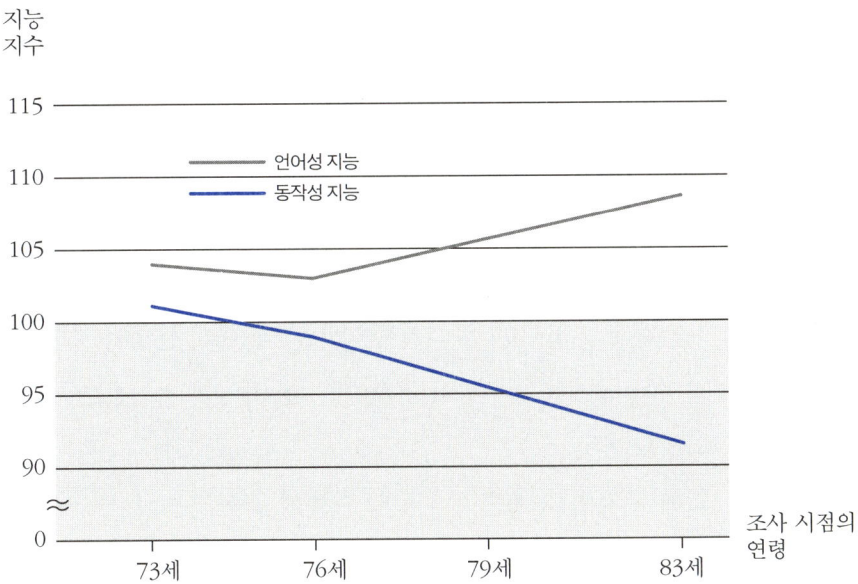

의욕이
저하하는 이유

일반적으로 의욕은 오십 대 중반부터 저하하기 시작하는데, 전두엽이 노화하고 호르몬 분비가 저하하는 게 주원인이다. 개인차가 있지만 이런 증상은 보통 사십 대 후반부터 시작된다.

특히, 남성호르몬은 직접적으로 의욕에 영향을 끼친다.

남성호르몬의 대표격인 테스토스테론은 본디 의욕과 기력, 공격성, 호기심과 밀접한 관계를 가진 호르몬이기 때문이다.

한편, 전두엽은 다음과 같은 두 가지 기능을 담당한다.

하나는 감정 조절이다. 둘레계통(대뇌변연계)에서 분노나 불안 등의 감정이 생기면 전두엽이 처리한다. 또 하나의 기능은 의욕과 창의성이다.

그 외에 두정엽은 계산이나 도형 인지에 관여하고, 측두엽은 언어 이해력을 담당한다.

요컨대 웩슬러 성인 지능 검사 가운데 언어성 지능은 측두엽의 기능을 측정하고, 동작성 지능은 두정엽이 잘 작동하는지 측정하는 셈이다. 두 기능은 육십 대까지도 별반 저하하지 않는다. 그래서 지능이 떨어지지 않는 것이다.

연령에 따른 성호르몬 분비량의 변화

〔일본 산부인과학회 감수 〈HUMAN+여성과 남성의 딕셔너리〉 중에서〕

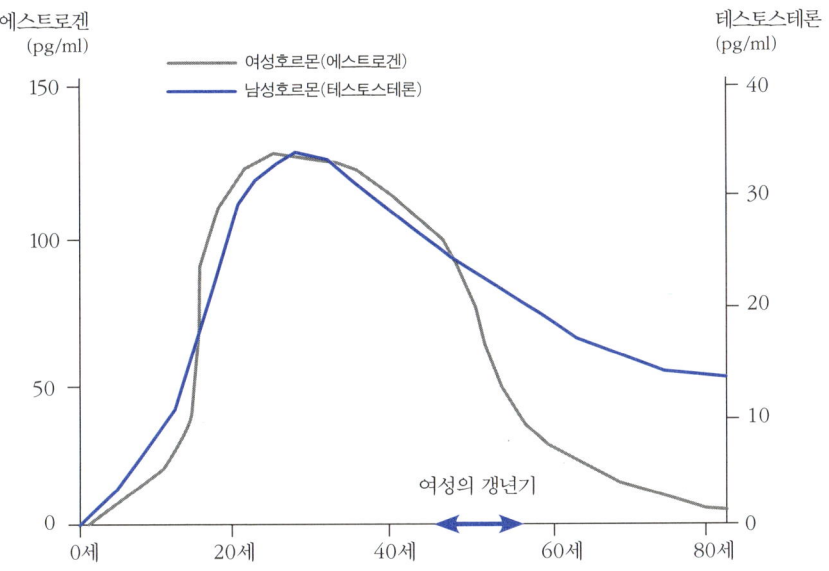

전두엽이 어떤 기능을 하는지는 지금으로부터 약 팔십 년 전인 1936년 에가스 모니스(António Egas Moniz)라는 포르투갈 의사가 로보토미 수술*을 발명하며 밝혀졌다.

당시 치료법이 없었던 중증 조현병 환자의 전두엽을 뇌의 다른 부분과 분리하는 수술을 시행하자 조현병의 주요 증상인 폭력성이 사라진 것이다.

그러나 그 이상으로 놀라웠던 것은 전두엽의 일부를 절제해도 지능 검사 점수는 1점도 떨어지지 않았다는 점이다.

그로 인해 사람들은 전두엽은 지능을 담당하지 않기 때문에 일부를 잘라 내도 문제가 없다고 생각하게 되었다. 그리고 지능을 떨어뜨리지 않고 폭력성만을 컨트롤하는 로보토미 수술을 발명한 공로를 인정받아, 모니스는 1949년 노벨 생리학·의학상을 수상했다.

그런데 그 후 로보토미 수술을 받은 환자가 극심한 의욕 저하에 빠지거나 감정을 컨트롤하는 데 문제가 생기면서 수술한 의사를 원망하거나 살해하는 사건이 여러 차례 발생했다. 모니스 자신도 총격을 받아 척수가 손상돼 휠체어 생활을 해야만 했다.

다니엘 골먼(Daniel Goleman)이 《EQ 감성지능》이란 책의 서

---

* Lobotomie, 뇌의 전두엽 백질의 일부를 잘라 내어 시상과의 연결을 끊는 수술.

문에 소개한, 사고를 당해 전두엽이 손상된 변호사의 경우도 마찬가지다. 그는 손상된 전두엽의 일부를 잘라 내는 수술을 받았고 수술은 성공을 거두었다. 지능 검사 점수도 떨어지지 않았다. 그런데 감정 조절이 불가능하고 무기력증을 이겨내지 못해 결국엔 사회적으로 폐인이 되어 버렸다.

전두엽을 잘라 내거나 일부를 절제했을 때, 의욕이 저하하거나 감정 조절하는 데 장애가 발생하는 사례는 그 후 뇌종양 등의 수술을 통해서도 무수히 보고되었다. 귀납적으로 전두엽의 기능이 규명된 셈이다.

전두엽이 강하게 위축하는 퇴행성 치매인 피크병(현재는 전두측두엽치매라 부른다) 역시 인격 변화나 공감 결핍, 행동 통제 불량 외에도 같은 일을 반복하는 상동 행동(stereotyped behavior)이 문제가 된다.

또 전두엽에 중증의 뇌종양이나 뇌출혈이 일어나면 '보속(perseveration)' 증상이 나타난다는 사실도 밝혀졌다.

보속 증상이 있는 환자들은 오늘이 몇 월 며칠이냐는 질문에 정답을 말할 수 있는 기억력이나 소재식*에 거의 문제가 없다.

---

* 所在識, 자기가 시간적·공간적·사회적으로 어떤 위치에 있는지를 파악하는 의식.

그런데 문제는 그다음이다. 그런 환자들에게는 생년월일을 물어도 똑같은 날짜를 댄다.

보속 증상이 있는 환자들은 '317+785'라는 문제를 암산으로 계산해 '1,102'라는 정답을 맞추는 데 아무 문제가 없다. 때문에 계산력을 포함한 지능을 유지하고 있는 줄 착각하기 쉽지만, 그들은 '243+452'라는 문제에도 똑같이 '1,102'라고 대답한다.

이렇게 극단적인 사례까지는 아니더라도, 전두엽의 기능이 떨어지면 다른 생각이나 감정으로 전환하기가 어렵다.

아마도 전두엽이 의욕이나 감정 조절, 생각의 전환 그리고 아마도 창의성 등을 담당하고 있기 때문일 것이다.

의욕 저하를
막는 방법

사십 대부터 육십 대까지는 전두엽이 위축하는 데다 호르몬의 분비까지 저하해 의욕이 현저하게 떨어지는 시기다. 더욱이 전두엽의 기능이 저하하면 감정 조절이 안 되고 창의성도 떨어진다. 그야말로 게으른 중장년, 무기력한 노인의 전형적인 증상이다.

그러나 시간의 흐름을 막을 수 없다고 포기하기엔 아직 이르다. 전두엽의 기능을 유지하거나 호르몬의 저하를 막는 방법이 있기 때문이다.

구미(歐美)에서는 남성호르몬이 저하하면 HRT(Hormone Replacement Therapy, 호르몬 대체요법)를 받는 것이 일반적이다. 내복약, 주사, 패치 등 방법은 다양하다. 유럽의 몇몇 나라에서는 보험도 적용된다(일본에서도 LOH증후군＝남성갱년기증후군 진단을 받으면 보험금을 받을 수 있다). 여성호르몬 저하를 막는 HRT가 그보다 일반적이지만(구미에서는 갱년기 여성의 30~50퍼센트가 치료를 받고 있다), 일본에서는 거의 보급되어 있지 않다. 기본 갱년기 장애로 보험이 적용되지만, 부작용을 우려하는 사람이 많기 때문이다.

여성호르몬을 오 년 이상 지속적으로 복용하면 유방암에 걸릴 확률이 다소 상승한다는 통계 결과가 있다. 그렇다 해도 갱년기 치료를 받지 않은 사람이 유방암에 걸릴 확률은 0.3퍼센트, 치료를 받은 사람의 발병 확률은 0.4퍼센트 정도라고 하니, 치료를 받을지 말지는 개인의 선택이다.

젊은이와 고령자의
가장 큰 차이

전두엽 노화의 예방책으로 유명한 것은 앞서 소개한 일본 도호쿠 대학교의 가와시마 류타 교수가 닌텐도와 함께 개발한 「두뇌트레이닝」 게임이다. fMRI(functional MRI)로 검사해 보니 단순 계산과 한자 읽기 연습이 전두엽의 혈류를 늘린다고 밝혀졌다. 다만 전두엽의 혈액순환이 잘되는 것이 노화 방지에 직접적으로 효과가 있는지는 아직 검증되지 않았다.

기능이 쇠퇴한 부분을 회복시키려면 많이 쓰는 것이 기본이다. 예를 들어 다리가 약하면 다리를 사용해 많이 걷고, 독해력이 떨어지면 독서를 많이 하면 된다. 거꾸로 생각하면, 나이가 들었다고 사용하지 않는 부분은 순식간에 기능이 저하된다는 뜻이다.

고령자가 젊은 세대와 가장 큰 차이를 보이는 부분은 사용하지 않았을 때 쇠퇴와 회복에 걸리는 시간이다. 예를 들어 젊은 사람은 스키를 타다 골절이 되어 1개월 동안 병상에 누워 있어도 다음 날 바로 자연스럽게 걸을 수 있다. 그런데 나이가 들면 스키는커녕 감기에 걸려서 한 달간 누워 있는 것만으로 못 걷게 되는 사람이 적지 않다.

마찬가지로 전두엽도 사용하지 않으면 자기도 모르는 사이에 쇠퇴해 버린다.

나이 들수록
보수적 성향이 강해지는 이유

전두엽을 사용하지 않는 생활이란 요컨대 같은 일을 반복하는 일상이다. 판에 박힌 일이나 전례, 경험 법칙, 매뉴얼만 따르고 창의력을 발휘할 일이 없는 생활 말이다.

앞서 정년 후 창업을 고려하고 있다면 50세부터 준비해야 한다는 이야기를 했는데, 가장 중요한 준비는 자금도 인맥도 아닌 전두엽을 활성화시켜 두는 것이라 해도 과언이 아니다.

회사에서 똑같은 일을 반복하는 한, 그럭저럭 출세를 한다고 해도 막상 창업하려고 할 때에는 전두엽이 활약하지 못한다.

창의력이 없으면 의욕도 생기지 않는다.

사오십 대에 뭐라도 좋으니 주식 투자 같은 예상 밖의 일을 의식적으로 계속 벌여야 한다.

오십 대뿐만 아니라 그 전에도 뭐든지 계획대로 진행되지 않으면 스트레스를 받는 타입의 사람은 특히 조심하는 게 좋다.

소설가처럼 창의적인 일을 하는 예술가들도 방심은 금물이다. 젊은 시절 성공했던 경험에 얽매여 같은 일을 반복하다 보면 누구나 마찬가지다. 모르는 사이에 변화를 두려워하는 보수적 성향의 인간이 되어 버리고 창의력은 점점 시들어 간다.

최고의 보약은 연애?

노화를 예방하는 데 예상 밖의 일로 가장 좋은 것은 연애일지도 모른다.

연애를 하면 성호르몬의 분비도 증가하기 때문에 생리적인 노화 방지에는 가히 최고의 약이다. 그런데 아무리 노화를 예방하는 데 좋더라도 사회 통념상 쉽지 않고, 실제로 배우자의 바람으로 인한 황혼 이혼으로 이어지면 정신건강적인 면에서 오히려 역효과가 날지도 모른다.

하지만 호감 가는 사람에게 자연스레 끌리는 마음을 억지로 봉인하거나 배우자가 다른 이성과 식사를 하거나 술을 마신 정도로 불륜이라 비난한다면 전두엽은 노화할 뿐이다.

어차피 현재의 결혼 제도, 사회 통념, 윤리 규범은 초고령 사회를 위해 만들어진 것이 아니다. 이제 슬슬 바뀔 때인지도 모른다.

　육아라는 부부의 공동 프로젝트를 끝내고 나도 앞으로 삼십 년 넘는 인생이 기다리고 있다. 이 노년의 시간을 함께할 파트너로서 지금의 배우자와 다시 한 번 연애 시절로 되돌아가는 것도 나쁘지 않을 것이다. 만약 그러고 싶지 않다면, 호감 가는 사람과 새로운 친구 관계를 쌓아 가거나 마음 맞는 오랜 친구와의 관계를 더 다지는 것도 한 방법일 것이다.

공부할 필요성을 못 느끼는
동기부여의 결여

공부를 방해하는
가장 큰 요인

　　　　　　오십 대의 공부를 방해하는 또 하나의 큰 요인은 역시 '동기 부족'일 것이다.

　현재 하고 있는 일과 사회적 지위에 나름대로 만족하고 있는 사람은 물론이고 무슨 일을 하든 다 똑같다며 반쯤 해탈한 사람들까지, 나이가 들면 '이제 와 새삼스레 목표를 정해 봤자 아무 소용 없다'는 마음이 크다. 출세해서 부자가 되어도 반드시 인생이 행복하지만은 않다는 것을 깨닫기 때문이다.

　어린 시절에는 수험과 취직, 젊은 시절에는 결혼과 출세, 자산 관리, 자격증 취득, 이직, 독립 같은 명확한 목표가 있으니까 그에 맞춰 공부를 하면 된다. 거의 자동으로 부여된 목표가 동기를 부여한다.

그러나 오십 대의 공부는 스스로 목표를 설정하고 스스로 동기를 부여해야 한다.

그렇다면 우리는 어떤 목표를 세워야 할까? 대체 어떤 것이 나에게 동기를 부여할 수 있을까?

구체적인 목표를 세우기 전에 도대체 '동기부여'가 무엇인지, 간단히 알아 보고자 한다.

원숭이의 호기심이 노동으로 바뀌는 순간

'동기부여'가 심리학의 연구 대상이 된 것은 20세기 중반 미국에서다.

1980년대까지 동기부여를 하려면 당근과 채찍밖에 없었다. 상이나 벌, 승진 아니면 해고. 해리 할로우(Harry F. Harlow)라는 심리학자는 원숭이가 고리를 끼우거나 빼는 장난감을 가지고 노는 장면을 우연히 발견하고, '먹이를 주지 않아도 장난감을 가지고 노는' 원숭이에게 '호기심'이 있다는 사실을 발견했다. 할로우는 여기서 그치지 않고 장난감을 가지고 노는 원숭이에게 바나나를 주었다. 그러자 어떻게 되었을까?

얼마 후 원숭이는 바나나를 주지 않으면 장난감을 갖고 놀지 않게 되었다. 호기심으로 했던 일이 보수를 얻은 순간 '노동'으로 바뀌어 버린 것이다.

이 실험으로 인해 <u>좋아서 공부를 시작한 사람에게 섣불리 상벌을 주면 공부가 노동이 되어 버리는 것</u>이 할로우의 이론이 되었다.

할로우의 제자 에드워드 데시(Edward L. Deci)도 대학생에게 비슷한 실험을 했다. 그는 우선 대학생들이 빠져들 만한 흥미로운 퍼즐을 풀게 했다. 퍼즐이 학생들 사이에 유행이 될 무렵 퍼즐을 풀면 1달러를 주기 시작했다. 그러자 이전처럼 쉬는 시간에도 퍼즐에 몰두하는 학생들이 사라졌다.

이후 인간은 호기심과 향상심을 타고나 외적인 상벌 없이도 동기를 이끌어내는 것이 가능해서, 호기심과 향상심을 저해하지 않는 것이 중요하다는 '자발적 동기부여 이론'이 단숨에 확산되었다. 미국에서는 1960년대 후반부터 시험 점수를 학교에 게시하는 등 상벌을 주는 교육 방식과 주입식 교육을 폐지하고, 가능한 한 아이들의 자발성을 존중해야 한다는 주장에 힘이 실렸다.

일본이 '유토리 교육'*을 추진한 배경에도 미국식 이상주의적 공교육에 대한 교육계 인사들의 부러움이 존재했던 것을 부인하기는 어렵다. 그러나 유토리 교육이 도입된 시기에 미국에서는 교육 개혁의 실패가 뚜렷해졌다.

1981년 레이건 대통령이 미국 학생들의 학력 저하를 문제 삼아 교육 현장을 조사한 결과, 다섯 명 중 한 명이 제대로 읽고 쓰지 못했다.

그래서 미국의 공교육은 인간에게는 역시 상벌이 필요하다는 쪽으로, 다시 말해 유토리 교육 이전의 일본의 공교육에 가깝게 '개혁'되어 갔다. 더욱이 그 풍조는 산업 분야로까지 확산되어, 각종 규제를 완화하고 승자와 패자 간의 격차를 인정하는 레이거노믹스(Reaganomics)**와 맞물려 1980년대 후반부터 성과주의가 급격히 진행된 것이다.

---

* 유토리(ゆとり)는 '여유'란 뜻으로, 1976년부터 도입되어 2002년 일본 공교육에 본격적으로 도입되었다. 종래의 주입식 학습 내용을 이전보다 축소하고 창의성과 자율성 존중을 표방하였지만, 2007년 실패를 인정하고 다시 학력 강화 쪽으로 교육 방침을 선회했다.
** 1981년부터 1989년까지 미국 제40대 대통령으로 재임했던 로널드 레이건이 '힘에 의한 위대한 미국'의 재건을 모토로 추진한 국가정책을 통칭한다. 구체적으로는 세출 삭감, 소득세 감세, 기업에 대한 정부 규제 완화, 안정적인 금융 정책 등이 있다.

상벌과 상관없이
의욕이 생길 때

1970년대 교육계를 휩쓸었던 자발적 동기부여 이론의 열풍은 잠잠해졌지만, 정말로 미국판 유토리 교육이 우리에게 시사하는 바는 전혀 없을까?

사실 요즘 다시 이 교육법이 조명을 받고 있다. 왜냐하면 현재 미국을 세계 제일의 대국으로 만든 다양한 IT기술과 '실리콘밸리'로 대표되는 관련 기업들은 그 시대에 교육받은 사람들이 창업한 것이기 때문이다.

한때 학생들의 학력 저하로 인해 심하게 비난을 받은 미국의 교육심리학자들은 다음과 같이 반론했다.

"호기심이나 향학심이 높은 사람들에게는 상벌을 주지 않는 편이 좋다. 그러나 향학심이 없는 사람은 상벌을 주어야만 한다. 그리고 원래 향학심이 높은 사람은 우리의 예상보다 그 수가 적었다."

그들의 변명이 통했는지는 차치하고, 원래 향학심이 있는 사람은 극소수인 까닭에 나머지 대다수에게는 종래대로 당근과 채찍을 이용하는 편이 효과적이라는 뜻이다. 하지만 IT 혁명을 일으킨 것은 특별한 향학심의 소유자들일 가능성이 크다.

덧붙이자면 일본의 경우는 일반 대중이 받는 의무교육에 유토리 교육이 더해져 학력이 저하되고 있다. 뿐만 아니라, 향학심이 있는 사람들이 모인 대학에서도 교수의 권력이 지나치게 강해서 자연스러운 호기심을 발휘하기가 힘들다(원래 공부에 의욕적이거나 향학심이 있는 사람은 적은 법이다). 연구하는 게 좋아서 교수가 되는 사람보다 출세욕이라는 외부적인 동기로 교수가 되는 사람이 많아 애초에 교수들 스스로 개혁의 필요성을 절감하지 않기 때문인지도 모른다.

그런데 할로우로부터 비롯된 자발적 동기부여 이론은 그 후 발전을 거듭해 현재 '사람은 자신이 얼마나 성장했는지 확인하게 되면 (상벌과 관계없이) 의욕이 생긴다'는 주장이 인정받는 등 많은 성과를 거뒀다.

가게야마 히데오(陰山英男)의 '100칸 계산법'* 등은 '성장한 결과가 눈에 보이면 의욕이 생긴다'의 좋은 예다. 어제는 1분 13초 걸려 문제를 풀었고 오늘은 1분 8초가 걸렸으면, 다음 번에는 1분 안에 끝내겠다는 의욕이 솟는다.

---

* 전뇌 기능을 향상시키는 계산 게임. 가로, 세로 10줄 씩 100개의 칸을 표로 만들어서 1-10 (또는 0-9)을 가로, 세로줄에 임의로 나열하고 그 계산 값을(덧셈, 뺄셈, 곱셈) 각각의 교차하는 칸에 적어 넣는다.

그러나 문제를 푸는 데 3분이 걸린 아이에게 갑자기 1분 안에 풀라고 하면 역효과만 부를 뿐이다. 시험에서 60점을 받은 아이에게 다음에 100점을 받으면 유럽 여행을 보내 준다고 약속해 봤자 쉽게 포기할 것이다. 하지만 65점을 받았을 때 게임을 하게 해 주면 공부를 열심히 할지도 모른다.

이 밖에도 눈에 보이는 형태로 시범을 보여주면 의욕이 생기는 사람도 있다. 마술사의 마술쇼를 보고 따라하는 아이들은 그다지 없지만, 마술 비법을 알려주면 따라하는 아이가 나온다. 내가 쓴 수능 공부법 책도 바로 똑같은 원리다.

다시 말해 효과가 확실한 동기부여법은 몇 가지 있다. 원래 향학심이 있는 아이에게는 자발적 동기부여가 바람직하고, 향학심이 없는 아이에게는 당근과 채찍이 중요한 것처럼 무엇으로 동기부여가 되는가는 사람에 따라 다르니 여러 가지 방법을 알아 두는 편이 좋다.

회사를 그만두거나
머무는 이유

일본의 유명 심리학자, MBA를 받은 사람들과 함께 심리학 비즈니스의 싱크탱크를 구성해 '사회인들은 어떻게 동기부여를 하는지' 연구한 적이 있다.

그 결과 외부적인 당근과 채찍을 제외하고 크게 다음의 세 가지 정도로 추릴 수 있었다.

애초에 상사가 부하의 의욕을 높이기 위한 '동기부여 관리법(motivation management)'으로 고안한 것이지만, 자신을 돌아볼 때에도 도움이 되니 이 자리를 빌려 소개하고자 한다. 다음 페이지의 표 '사회인이 동기를 부여하는 3법칙, 9원리'를 참고하자.

여기에서 특히 주목할 것은 세 번째 '관계의 법칙'이다. 사람들이 회사를 그만두거나 머무는 이유 중 하나는 '인간관계'와 '회사 내에서 자신이 충분히 인정받고 있는지 혹은 앞으로도 쭉 인정받을 수 있는지'의 여부다. 오랫동안 사회생활을 해 본 사람이라면 잘 알 것이다.

때때로 일이나 공부보다 그것을 실행해 나가는 과정에서, 또는 그 결과로서 얻게 된 바람직한 '인간관계'가 최대의 동기이자 보수인 경우가 적지 않다.

사회인이 동기를 부여하는 3법칙, 9원리

법칙 1 희망의 법칙

① 노력하면 된다.
② 충분히 도전할 만하다.
③ 무엇을 어떻게 하면 좋을지 알게 된다.

법칙 2 충실의 법칙

④ 재미있게, 확실하게 성장한다.
⑤ 스스로 정한 일은 노력한다.
⑥ 타인의 기대를 받는다.

법칙 3 관계의 법칙

⑦ 안심할 수 있다.
⑧ 관심이 있다.
⑨ 일체감이 있다.

미국식 성과주의를 일본에서 활발하게 받아들이던 시기, 종신고용이나 연공서열, 가족 경영이 사람들의 의욕을 떨어뜨린다는 맹신이 만연했었지만, 미국식 제도를 도입하고 오히려 생산성이나 품질이 떨어진 회사가 적지 않다. 동료의식이나 회사에 대한 충성심이 높았던 일본인에게는 이것이 의외로 큰 동기였던 셈이다.

특히 넋 놓고 있으면 어느새 사회에 자기 자리가 없어지는 정년 후의 생활에서 '인간관계' 자체가 보수인 일의 의미는 상당히 크다.

지금 당장
시작해야 할 일

오십 대에 공부를 시작해야 한다고 아무리 떠들어 봤자, 어떻게 동기부여를 할지는 사람마다 다를 수밖에 없다. 그러므로 우선 <u>자신에게 맞는 동기부여 방법을 찾는 것이</u> 중요하다.

자격증을 따서 정년 후의 생활을 안정시키고 싶은가? 혹은 젊은 시절부터 쭉 품고 있었던 꿈을 향해 다시 도전하고 싶은가? 또는 대학원에 들어가 젊은 사람들과 함께 공부하고, 그 자체를 즐기고 싶은가? 아니면 박식한 사람이 되어 인기를 끌고 싶은가?

동기는 뭐라도 좋다. 그러니 일단 시작하자. 공부하다 보면 성과가 조금씩 드러나고, 훗날에는 공부 그 자체, 성장 그 자체가 동기부여가 될 것이다. 또한 공부하는 과정에서 몰랐던 세계를 알게 되면서 새로운 목표와 동기가 생기는 일도 적지 않다.

갱년기와 호르몬 불균형, 그리고 우울증

정신 건강과 면역력의 상관관계

중년의 공부를 방해하는 요인으로 무시할 수 없는 것이 바로 '우울증'이다. 사실 이 연령대의 사람들은 우울해지기 쉽다.

여성은 물론 남성도 이른바 갱년기 장애가 시작돼 호르몬 밸런스가 무너지고 체력 저하나 노화를 실감하게 되는데, 한층 더해 일적으로나 개인적으로 여러 변화가 찾아온다. 직장 생활이 얼마 남지 않았다는 사실에 신경이 쓰여 어떤 사람은 후회하고 어떤 사람은 자신의 건강이나 미래에 불안을 느낄지도 모른다.

더욱이 노화로 인해 면역력이 떨어지면 정신 건강에도 악영향을 끼친다.

최근 정신신경 면역학 학계에서는 정신 건강 상태와 면역력의 상관관계에 관한 연구가 활발하다.

일반적으로 면역력은 불쾌한 체험을 하면 저하하고 유쾌한 경험을 하면 활성화된다. 그 반대로 면역력이 떨어지면 우울해지기 쉽고 면역력이 높으면 정신 건강도 좋아지는 경향을 보인다.

감기 등으로 면역력이 떨어졌을 때 이대로 안 나으면 어떡하지 근거 없는 불안에 휩싸이고, 곁에 사람이 없으면 쉽게 불안해지거나 기분이 나빠서 식사도 제대로 못하고, 무엇을 먹어도 입맛이 없고 우울증 증상이 나타나는 것도 이 때문이다.

최근 젊은 세대가 우울한 것은, 불쾌한 일들을 겪어 면역력이 떨어졌는데 그것을 극복할 여유가 없기 때문이다. 그런 상황이 중장년 이후까지 지속되면 면역력의 한계를 넘어 우울증이 된다. 그뿐만이 아니다. 면역력이 떨어지면 암을 시작으로 여러 가지 질병에 걸리기 쉬워진다.

면역력 저하가 초래한
우울증 예방법

그러나 '우울증'은 미리 막을 수 있다. 우울증 예방법은 크게 두 가지로 나뉜다.

첫째는 건강한 식생활과 햇볕을 쬐는 것이다. 세로토닌을 늘리기 위해서다.

세로토닌은 뇌내 신경전달물질로 우울증 환자의 뇌 속에는 이 물질이 적다는 사실이 밝혀졌다. 항우울제는 뇌내 신경세포 간의 연결고리인 시냅스에서 세로토닌과 노르아드레날린의 양을 늘려 뇌의 활동을 활발하게 만들어 우울증 증상을 개선한다.

그리고 둘째는 단백질 위주의 식사다. 소박한 음식이 좋다는 말은 미신에 불과하다. 80세가 넘어서도 정정한 경영자, 예술가, 의사 등은 스테이크나 햄버거, 전골 같은 고기 요리를 젊은 사람처럼 먹어치운다.

세로토닌은 트립토판이라는 필수아미노산에서 만들어지기 때문에 아미노산을 포함한 단백질을 섭취하면 우울증을 예방하는 데 도움이 된다. 구체적으로는 육류, 어패류, 유제품, 대두 제품을 많이 먹어야 한다.

우울증의 원인,
'당위적 사고방식'을 개선하는 방법

우울증을 예방하는 또 하나의 방법은 사고방식, 관점을 바꾸는 것이다.

세상을 바라보는 관점을 바꿔 불쾌한 경험을 줄이고 유쾌한 경험을 늘려야 한다. 원래 유쾌함과 불쾌함의 기준은 주관적인 것이어서, 만사를 바라보는 관점만 변화시킬 수 있으면 불쾌한 상황도 유쾌하게 받아들일 수 있다.

그렇다면 어떠한 관점과 사고방식이 우울해지기 쉬울까? 한마디로 정리하면 '이래야만 한다'는 당위적 사고다. 이분법적 사고와 완벽주의 혹은 이상주의가 결합했다는 편이 이해하기 쉬울지도 모른다.

흑 아니면 백, 적군 아니면 아군처럼 이분법적 사고를 하는 사람은 자신의 편이라고 생각했던 사람이 살짝 자신의 의견에 토를 다는 것만으로도 적이 되었다고 여긴다. 완벽주의자나 이상주의자는 일이 잘 풀리지 않는 낌새가 보이면 곧바로 '다 망했어'라고 포기하고, 상황이 조금 나아지더라도 '어차피 안 될 거야'라고 체념한다. 모든 사람이 언제나 내 편이어야 하고, 자신의 컨디션이나 업적은 항상 좋아야 한다는 당위적 사고가 밑바탕에 깔려 있기 때문이다. 그런 사람들은 완벽한 상태에서 조금이라도 벗어나면 불안해하거나 침울해진다.

임상심리학이나 정신의학의 인지 요법* 학파 사람들은 이러한 사고방식을 '역기능적 사고(dysfunctional thought)'라고 부르고, 그것을 바꾸어 가는 방향으로 환자들을 이끈다.

모리타 요법**에서는 관심의 대상을 다른 곳으로 돌리게 한다. 지금 발생한 증상에 집중한 탓에 상태가 더욱 악화되는 것이라 보기 때문이다.

예를 들어 가슴이 두근거리는 것에 신경이 쏠리면 가슴이 더 두근거리기 마련이다. 치통에 온 신경을 집중하면 이가 더 아프게 된다. 그러므로 증상에 너무 신경 쓰지 않는 게 바람직하지만, 현재 아픈 사람에게 신경 쓰지 말라는 충고는 먹히지 않는다. 그 대신, 집중할 수 있는 다른 일을 찾게 해야 한다.

다소 차이가 있다 해도 인지 요법이나 모리타 요법이 어떤

---

* 인지 요법(cognitive therapy)은 본디 우울증의 치료법으로 개발되었다. 인지 요법의 목적은 역기능적인 사고와 행동을 수정하여 환자가 현재 직면한 문제를 해결하고 환자의 기분과 행동을 변화시키는 데 있다.
** 1919년 일본의 심리치료사 모리타 쇼마(森田正馬)가 개발한 신경증 치료법으로, 환자로 하여금 자신의 증상을 생활의 일부로 받아들이도록 유도해 불안, 긴장, 공포 등에서 벗어나 건설적인 생활을 영위하도록 돕는다.

사고방식이나 상황이 좋지 않다는 전제로부터 성립했다는 점에서는 공통된다. 이들에 대한 대응법은 여러 가지다.

예를 들어 얼굴이 붉어져서 사람들과 잘 사귀지 못하는 사람은 안면 홍조증을 고치려 하는 것이 아니라 안면 홍조증을 치료하지 않아도 사람들이 좋아할 만한 자신의 다른 장점을 찾으면 된다.

명문 고등학교와 도쿄대학교를 나온 엘리트 관료가 사소한 일로 좌절해—예를 들어 주간지에 비난 기사가 실린 것 때문에—자살하는 경우가 있다. 그러나 다른 한편으로는 같은 문제가 발생해도 그것을 기회로 관직을 그만두고 정치가가 되거나 대학 교수가 되는 사람도 있다. 아니면 하이쿠나 도예 같은 취미 생활에 푹 빠져 나름대로 역경을 잘 헤쳐 나가는 사람도 있다. 요컨대 좌절을 겪어서 인생을 끝냈다기보다 '다른 길도 있다'는 사고방식이 없어서 자살했다는 해석이 인지 요법이나 모리타 요법의 관점이다.

'이래야만 한다'는 당위적 사고가 아닌 행복해지고 싶다거나 다른 사람에게 호감을 얻고 싶다 같은 원래의 목적에 집중하고, 다양한 가능성, 여러 가지 해결책을 제시하는 것이 인지 요법과 모리타 요법의 핵심이다.

50세부터 공부해야 하는
진짜 이유

50세에 시작하는 공부는 사실 두 가지 목적, '다른 길도 있다'와 '길은 얼마든지 있다'는 사고방식을 위한 것이다.

하나는 자신이 지금 살고 있는 세계 밖에서도 살아갈 수 있도록 준비하는 것, 또 하나는 다른 길을 찾기 위한 것이다.

<u>공부를 하면 그때까지 몰랐던 여러 가지 길이 보이게 된다. 공부하지 않으면 오로지 '이 길밖에 없다'고 믿어 버린다. 한 가지 길밖에 모르기 때문이다.</u>

지인 중에 도쿄은행 출신의 엘리트가 있는데, 미쓰비시은행과의 합병 때 조기퇴직을 하고 부동산중개사 자격증을 취득했다. 그는 싼 건물을 사들여 임차인을 찾거나 월세 임대 사무소를 자습실로 만들어 염가로 세를 놓아 최대의 수입을 얻는, 말하자면 틈새시장이지만 조금 재미있는 사업을 시작했다.

남들이 보면 그다지 기발한 일이 아닐지 모르지만, 일류 은행 출신의 엘리트들은 허세와 자존심이 있어서 그 정도의 일도 체면 때문에 힘들어 한다. 하지만 허세와 자존심을 버리면 정년 후 세계는 한층 넓어질 것이다.

나이 50에 다른 길을 선택할지 말지는 별개의 일이다. '다른 길도 있다'고 생각할 수 있는 가능성 자체가 우울함이나 불안을 예방할 수 있다.

  자주 언급하면 빈축을 살 것 같지만 면역력을 높이고 활성화하는 데 연애도 좋은 것 같다. 연애 역시 돈벌이처럼 행복을 찾을 수 있는 길이고, 나이가 들수록 교양 있는 사람의 인기가 높아서 공부하려는 동기가 생기기 때문이다.

사고의 유연성을 가로막는 스키마

단정 짓는 습관에서 벗어나는 방법

　　　　　　　나이 듦과 함께 잃기 쉬운 것이 사고의 유연성이다. 나이가 들면 무엇이든 섣불리 단정하게 된다. '이런 관상은 대개 성격이 나쁘다', '이런 행동을 하는 사람은 신용할 수 없다'는 말을 함부로 내뱉는다. 어설프게 인생 경험이 긴 만큼 대부분의 일을 이미 경험했다며, 한두 가지 경험으로 속단하려고 한다.

뿐만 아니다. 50세가 넘으면 모두 머리가 굳어져서 남자는 권력 쟁탈전이나 벌이고, 여성 정치가는 쓸 만한 사람이 없다, 민주당이 집권했을 때의 일본은 최악이었다, 아베노믹스 덕분에 경기가 좋아졌다 등등 사실 여부를 막론하고 세상을 단정적으로 바라보게 된다.

이런 스키마(Schema, 지식의 틀)에 빠지면 공부하기가 좀처럼 쉽지 않다. 공부를 시작했다 해도 원래 자신이 알지 못하는 것에 대한 진지한 흥미나 관심이 옅은 까닭에 여간해서는 지속해 나갈 수 없다.

민주당 시절의 일본은 최악이었다고 말하고 다니는 사람에게 구체적으로 무엇이 마음에 안 들었냐고 물으면 변변한 답을 내놓지 못하는 사람이 태반이다. 사실 안 좋았던 일은 적다. 아베 내각이 이어받은 정책도 생각보다 많다.

민주당이 재원도 확보하지 않은 채 아동 수당을 퍼줬다고 비난하는 사람도 있는데, 그전에 대책 없이 건설 사업에 퍼주고 부자 감세로 수백 조의 빚을 만든 것은 자민당 정권 시절이다. 민주당이 정권을 잡으면서 일본의 경기가 나빠졌다고 주장하는 사람도 있지만, 따져 보면 민주당이 정권을 잡기 직전 자민당 정권 시절의 실업률이 더 높았다. 그러나 단정적인 면이 강한 사람에게는 사실을 말해 봤자 소용없다. 자신의 체면(이야말로 전형적인 '이래야만 한다'의 산물이다)을 걸고(!) 자기주장을 지키려 하기 때문이다.

이러한 스키마와 단정적 사고에서 탈출하려면 <u>자신과 다른</u>

의견에도 귀를 기울여야 한다. 즉 다른 의견을 가진 사람과 적극적으로 만나거나 일부러 자신과 반대 의견을 펼치는 저자의 책을 읽어야 한다.

하지만 대개는 자신과 의견이 같은 사람과 의기투합하기 위해 만나고, 자신과 비슷한 생각을 가진 사람의 책을 자기주장을 확인하기 위해 읽는다. 북한을 싫어하는 사람은 북한을 헐뜯는 책을, 좌파를 싫어하는 사람은 좌파를 싫어하는 사람의 책을, 보수 진영을 싫어하는 사람은 좌파가 쓴 책을 읽는다.

모름지기 책이라는 것은 자신이 몰랐던 다양한 시각과 정보를 얻기 위해 읽어야 하는 것인데, 자기의 생각을 확인하기 위해서 읽는다. 그런 사람이 최근 더욱 늘어난 것처럼 느끼는 건 나만의 착각일까?

스키마를 많이 사용하는 사람들의 특징

'단정 짓기'는 스키마의 한 종류다. 일반적으로 스키마는 사고를 빠르게 하기 위한 것이다. 예를 들어 다리가 여섯 개 달린 생물을 처음 보더라도 곤충이라고 판단하는 식으로, 정보를 효율적으로 파악하기 위해 취하는 인지 구조, 쉽게 말해 '고정관념'인 셈이다.

이런 능력을 지니고 태어났으니 온갖 사물을 아기처럼 처음부터 배우지 않아도 될 텐데, 사회는 통상 중등교육까지 지식이나 문제 풀이 등의 각종 스키마를 몸에 익히게 한다(대학 이후의 고등교육 과정에선 스키마를 의심하는 법을 가르쳐야 하지만, 대부분 잘 이뤄지고 있지 않다).

한편 스키마에 지나치게 의존하면 머리를 사용하지 않게 된다. 다시 말해 생각하기 귀찮아하는 사람일수록 스키마를 많이 사용한다.

예를 들어 어떤 사람은 새로운 사람을 만나면 우선 혈액형부터 묻는다. 상대방이 A형이라고 대답하면 A형은 시간을 잘 지킨다는 스키마를 토대로 그 사람도 시간을 잘 지킬 거라 판단한다. 만약 그 사람이 시간관념에만 철저하고, 만사에 대충대충인 타입이라도 시간을 잘 지키는 것만 기억하는 식으로 자신의 스키마에 맞춰서 상대방을 판단한다.

그리고 만약 그 사람이 시간도 지키지 않는 무책임한 사람이라면, 그 사람만 예외적인 A형이라고 여긴다. 이처럼 자신의 스키마를 바꾸는 경우는 거의 없다.

도쿄대 출신은 성격이 나쁘다는 스키마를 가진 사람이 있다고 치자. 그런데 어쩌다 술집에서 만나 의기투합한 상대가 도쿄대 출신이었다면 "너는 도쿄대 출신인데도 성격이 좋네"라고 칭찬한다. 게다가 다른 곳에서 알게 된 성격 좋은 사람도 역시나 도쿄대 출신이었다. 그러면 '나는 운이 좋아. 도쿄대 출신을 두 명밖에 안 만났는데 마침 두 사람 다 성격이 좋잖아'라고 생각한다. 이상하게도 스키마를 바꾸는 일은 좀처럼 쉽지 않다.

굳어 버린 스키마가
공부를 방해하는 원인

스키마를 바꾸려면 그에 맞지 않는 사례를 가능한 한 많이 체험해야 하는데, 일단 굳어 버린 스키마를 바꾸기란 쉽지 않은 일이다. 게다가 스키마는 공부를 방해한다. 새로운 정보와 시각을 얻지 못하게 방해할 뿐만 아니라 애초에 새로운 것을 배우려는 의욕조차 저하시키기 때문이다.

'이미 다 알고 있는 사실인데, 왜 새삼스레 공부 따위를 해야 하지?'라고 생각한다.

그 이유는 간단하다. 새로운 사실에 충격을 받아 이제까지 구축한 스키마를 처음부터 다시 쌓아나가는 과정은 매우 어렵기 때문이다. 자기 자신의 정체성에 위기가 올지도 모른다!

역사적으로 전승되는 스키마도 있다. 실제로 일본인이 가진 스키마의 대부분은 제2차 세계대전 전인 1935~1944년에 형성됐다고 한다. 예를 들어 "사치는 적이다" 같은 것이 그렇다. 그러나 군국주의 전의 일본, 특히 다이쇼로망*, 다이쇼데모크라시** 시대의 일본은, 좋은 의미에서 사치를 동경하는 정감 있는 나라였다. 제2차 세계대전 후에야 달라졌지만, 그전까지 일본의 황실은 영국 왕실보다 훨씬 열려 있어 국민들에게 사랑을 받았다고 한다. 다이쇼 일왕이 교육 칙서가 적힌 종이를 둥글게 말아 망원경처럼 사용하는 등 지능이 낮은 사람이었다는 설이 전해지지만, 이제는 이 일화를 의심하는 목소리가 강하다(심지어 다이쇼 일왕이 비상한 인격자였다는 주장까지 나오고 있다). 하지만 그 이상으로 중요한 사실은 그러한 풍문을 당시의 서민들이 아무렇지도 않게 입에 담을 수 있었다는 점이다.

---

* 다이쇼 시대(1912~1926)의 분위기를 풍기는 사조나 문화 사상을 일컫는 말이다. 이후 쇼와 일왕의 쇼와 시대(1926~1989년)로 이어진다.
** 다이쇼 시대의 자유주의·민주주의 풍조를 일컫는다. 러일전쟁 이후 일본에서는 민주주의적 개혁을 요구하는 움직임이 왕성했다.

제2차 세계대전 전의 일본은 걸핏하면 불경죄로 사람들을 억압한 독재국가의 이미지가 있지만, 적어도 다이쇼 시대에는 그런 일이 없었다. 사치나 룸펜을 동경하는 분위기도 강했다. 그러나 제2차 세계대전 전에 형성된 일본인의 스키마는 지금까지도 변하지 않았고, 쭉 이어지고 있다.

어쨌든 한 사회가 공유하는 스키마를 바꾸는 것은 개인이 하루아침에 이룰 수 있는 일이 아닌 것이다.

중대한 결정을 내릴 때 만나야 할 사람들

그러므로 쉽지 않겠지만 스키마나 단정적인 사고에서 탈출해야 한다. 지금이라도 늦지 않았다. 유연한 머리를 되찾아 보자.

그렇다면 어떻게 해야 할까?

우선 자신과 의견이 다른 사람의 책을 읽자.

예를 들어, 자신이 우파라 여기는 사람은 진보적 논조의 시사지를, 좌파라 여기는 사람은 보수적 논조의 시사지를 읽으면 된다. 잡지를 읽는 동안 당연히 화가 치밀어오르겠지만, 적어도 발상의 폭은 넓어질 것이다.

의도적으로 초비관론자와 초낙관론자를 만나는 방법도 있다.

과거 '미스터 엔(Mister Yen)'이라는 별명으로 불렸던 사카키바라 에이스케(榊原英資)*는 미국에 갈 때마다 가장 비관적인 경제론을 주장하는 사람과 가장 낙관적인 주장을 펼치는 사람을 모두 만나려고 했다. 그러면 최저가와 최고가를 가늠할 수 있어 주식과 환율의 변동 폭을 가늠할 수 있었다고 한다.

일반적으로 비관적인 사람은 비관적인 이야기만 늘어놓고, 낙관적인 사람은 낙관적인 이야기밖에 하지 않는다. 하지만 나라를 좌지우지할 중대한 결정을 내리는 사람이라면 절대적으로 양쪽의 의견을 경청해야 할 것이다.

우리는 무엇을 위해 공부를 할까?

단정적 사고와 스키마는 공부를 방해하는 요인이지만, 공부를 하면 벗어날 수 있다.

<u>공부는 하나의 답이 아니라 다양한 답이 존재한다는 사실을 알기 위해 하는 것이다.</u>

---

* 일본 대장성(현 재무성) 국제금융국장과 재무관을 역임하면서 일본의 외환 정책을 담당했던 세계적인 경제분석가. 1995년 대장성 국제금융국장으로 부임하여 당시 달러당 79엔까지 급등한 엔고를 엔 약세로 뒤집어 세계적인 주목을 받았다.

스스로 노화를 처음 인지할 때

이십 대와 육십 대의 기억력 차이

우리가 자신의 노화를 처음 인지하는 순간은 언제일까? 때때로 사람 이름이 생각나지 않거나, 이것이나 저것처럼 대명사를 쓰는 경우가 많아질 때가 아닐까? 특히 요즘 들어 연예인 이름이나 전문 용어가 잘 생각나지 않는다며, 이제 와 자격증 시험을 준비하거나 외국어를 배우는 건 어려울 거라 지레짐작하고 포기하는 사람이 많다.

기억력 분야의 대가 이케가야 유지(池谷裕二) 선생은 이십 대와 육십 대의 기억력에 큰 차이가 없다고 했다. 다음 에빙하우스(Hermann Ebbinghaus)의 망각곡선을 살펴보자.

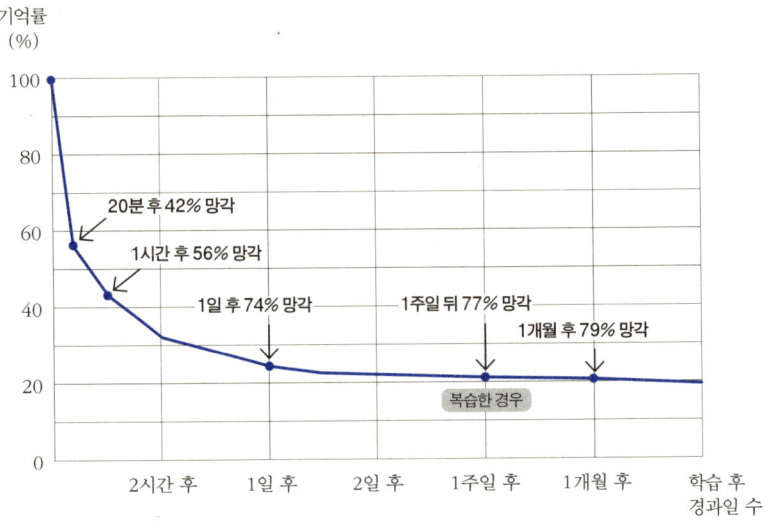

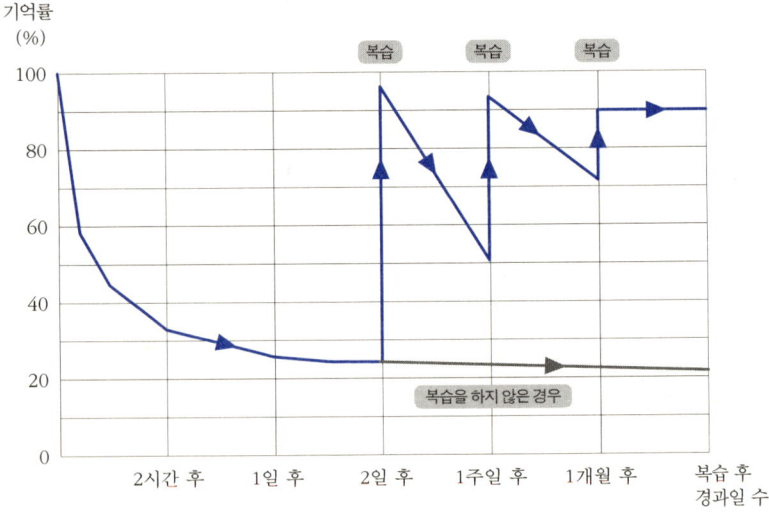

에빙하우스의 망각곡선은 독일의 심리학자였던 에빙하우스가 무의미하게 단어를 통째로 외우는 과정에서 찾아낸 법칙이다. 그의 실험에 의하면 '망각은 기억한 직후부터 급속히 진행'된다. 그래프를 보면 알 수 있듯이, 사람은 암기한 후 20분 후에는 42퍼센트, 1시간 후에는 56퍼센트, 1일 후에는 74퍼센트를 망각한다. 또 1주일 후에는 77퍼센트, 한 달 후에는 79퍼센트를 잊는다고 한다. 그러므로 잊어버리기 전에 간격을 두고 반복해서 복습해야 효율적으로 기억할 수 있다고 한다.

학창 시절보다
기억력이 저하하는 진짜 원인

기억력에 나이는 상관없다는 게 아무리 과학적으로 검증된 사실이라고 해도, 나이 들기 전보다 확실히 건망증이 심해졌다고 말하는 사람이 주위에 많다.

이런 사람들을 위해 에빙하우스는 이미 자신의 이론을 통해 기억법에 관한 해답을 남겼다.

학창 시절 우리는 중요한 내용은 몇 번이나 복습을 했다. 과연 지금도 그때처럼 열심히 복습하고 지식을 습득하려 노력하고 있을까? 요컨대 어른이 돼서 기억력이 떨어지는 것은 <u>학생 때처럼 공부하지 않기 때문</u>인지도 모른다.

게다가 중장년이 되면 의욕 저하가 기억력에 매우 큰 영향을 미친다. 필요 없는 일, 관심 없는 일이라는 판단이 들면 애초에 복습하면서까지 기억하려는 의욕이 솟지 않는다.

아무리 스마트폰에 전화번호를 저장해 놓는다고는 하지만 대부분의 사람은 전화번호를 기억해야겠다는 의욕이 일지 않아서 전혀 기억을 못한다. 나 역시 휴대전화를 처음 사용하고 오 년 동안은 의도적으로 전화번호를 저장하지 않아서 지인의 번호를 100개 이상 외우고 있었는데, 요즘은 도무지 외우려는 마음이 들지 않는다.

그런데 내가 좋아하는 와인과 관련되면 이야기가 다르다. 와인에 대해서라면 상표나 생산지, 어떤 빈티지가 맛있는지를 포함해서 몇 년도의 무슨 와인이 파커 포인트(Parker Point, 와인 평가 점수)를 몇 점 받았는지까지 100개 정도 기억하고 있다. 관심이 있기 때문이다.

다만 와인에 대한 정보를 외우더라도 "이건 카베르네 소비뇽이 68퍼센트고, 메를로가 25퍼센트다" "이건 보르도 강변의 와인이다" 같은 단순 지식보다 "로마네 콩티는 부르고뉴의 최고봉으로, 페트류스도 보르도를 대표하는 와인이지만 나라면 레스토랑에서 반드시 페트류스를 마신다. 로마네 콩티는 오픈하고 맛있어지기까지 시간이 걸리기 때문이다"처럼 의미있는 지식으로 기억한다.

상대방에게 흥미로운 정보라는 점도 있지만, 상세한 숫자보다 의미를 파악하는 편이 외우기도 쉽고 중요한 기억일 가능성이 크기 때문이다. 외우는 숫자도 최소화할 수 있다.

"페트류스는 파커 포인트가 높고 여러 번 100점을 받았지만, 로마네 콩티는 85년도에 딱 한 번 100점을 받았다. 페트류스는 100점을 받은 해보다 99점을 받은 75년산이 마실 때의 온도까지 고려하면 훨씬 맛있다."

방금 소개한 지식은 꽤 많은 숫자를 기억하는 것처럼 보이지만, 사실 로마네 콩티 85년산과 페트류스 75년산 두 개의 와인만 기억해 두면 된다. 99점이라는 정보는 100점의 보너스인 셈이기 때문이다.

다시 말해 여러 번 복습하지 않고 기억하고 싶다면 의미를 이해해야 한다. 그때 부대적인 지식도 함께 기억해 두면 좋다. 이것을 전문 용어로는 '에피소드 기억'이라고 부른다. 이름이나 단어를 무작정 외우려면 힘들어도 에피소드와 관련 있는 지식이라면 쉽게 기억에 남는다.

그리고 자신이 납득할 때까지 이해하는 것도 중요하다.

<u>무조건적인 암기는 젊은 사람들에게 유리하지만, 중장년층은 이해력으로 승부하면 된다.</u> 이해한 것은 사고의 일환이 되어서 언제든지 끄집어낼 수 있는 상태의 지식이 되기 때문이다.

기억을 머릿속에 정착시키는 방법

이쯤에서 기억력에 대해서도 조금 더 자세히 설명해 보려고 한다. 기억력은 기명력, 유지력, 상기력으로 나뉜다. 기명력은 정보를 뇌에 입력하는 힘, 유지력은 기억을 오랫동안 저장하는 힘, 상기력은 축적한 기억을 끄집어내서 출력하는 힘이다.

평소 입시 공부를 할 때에는 기명력과 유지력, 시험을 볼 때에는 상기력이 주로 사용된다.

사실 나이 듦과 함께 저하하는 능력은 상기력이다. 머릿속에 개념은 많이 들어 있는데 구체적인 단어가 입 밖으로 튀어나오지 않을 때가 많다.

기억의 3단계

인풋
기명 → **유지** → 아웃풋
상기

　이 경우에도 복습이 중요하다. 중장년에게는 실제로 아웃풋하면서 머릿속에 정착시키는 방법을 추천한다.

　고급 호텔에 가면 체크인할 때 신용카드를 꺼낸 순간부터 이름을 불리게 된다.

　"와다 씨, 오늘 저희 호텔을 찾아 주셔서 감사합니다. 필요한 것이 있으시면 언제든지 불러 주세요. 내일 아침 닛케이 신문을 보시겠다고 신청하셨죠?"라는 식이다. 그리고 다음에 갔을 때에도 잊지 않고 "와다 선생님, 기다리고 있었습니다"라고 이름을 부르며 인사를 건넨다. 기회가 있을 때마다 이름을 불러서 외우는 것이다.

　마찬가지로 메일을 보낼 때에도 이름만이 아니라 반드시 회사명과 직함을 함께 쓰자. 이 또한 실제로 자주 사용하면서 기억하는 테크닉이다.

　또한 새로운 사람과 만나거나 기억한 지 얼마 안 된 일이나 숫자 등은 SNS에 올리거나 지인과의 수다, 강연 등을 통해 가능한 한 많이 사용하도록 하자.

기억은 사용하는 동안 재정착한다. 사용하는 것 그 자체가 복습이다.

기억을 잘하게 하는
열 가지 방법

이 자리를 빌려 오십 대에게 유용할 기억법의 핵심을 소개하고자 한다. 중요한 것은 다음 세 가지다.

첫째, 관심
관심이 없으면 기억하고자 하는 마음도 생기지 않는다.
목적이 없으면 의욕으로 이어지지 않는다.

둘째, 반복 사용으로 복습
성인이 되면 복습량이 현격히 줄어든다. 이것을 보완하기 위해서는 기억한 것을 일상 대화에서 가능한 한 많이 사용해야 한다. 즉, 시시때때로 아웃풋할 것. 아웃풋하면서 외운 내용을 머릿속에 정착시키자.

셋째, 단순 암기보다 의미 이해

랜덤으로 나란히 놓인 알파벳을 순서대로 외우는 것은 힘든 일이지만, 만약 그것이 단어라면 쉽게 기억할 수 있다. 의미를 이해하기 때문이다. 의미를 정확히 이해하고 경우에 따라서는 그것과 연관된 에피소드와 관련 지식을 조사해 보자. 그리고 누군가에게 이야기하거나 인터넷에 글을 올려 정리해 둘 수도 있다. 놀랄 정도로 잘 외워지는 것이 느껴진다.

조금 더 자세히 알고 싶어 하는 독자를 위해 열 가지 요령을 소개한다(이보다 더 자세하게 알고 싶은 분은 졸저《마흔을 위한 기억 수업》을 참고하기 바란다).

기억을 잘하게 하는 열 가지 방법

① 관심을 갖는다.
② 외울 정보의 수를 줄인다.
③ 외워야 하는 일은 납득할 때까지 이해한다.
④ 기억해야 하는 것과 관련된 사소한 정보를 늘리고, 연상 가능한 단서를 새겨 넣는다.
⑤ 기존 지식과 결부시켜 지식을 가공해 기억한다.

⑥ 에피소드로 기억한다.

⑦ 감각기관과 신체 활동까지 포함해 세트로 기억한다.

⑧ 효과적인 아웃풋을 통해 거꾸로 인풋한다.

⑨ 수면을 충분히 취하고 신체를 최상의 상태로 유지한다.

⑩ 반복해 사용한다.

기억을 잘하려면 아웃풋 중에서도 쓰기와 말하기를 시도하는 것이 가장 좋은데, 그와 관련해서는 뒤에서 자세히 소개하려고 한다.

또 한 가지, 다른 사람들에게 아웃풋의 기회를 자주 갖는 것은 오십 대에게 무척 효과적인 기억법이다. 뿐만 아니라 그 자체가 기억의 목표가 되기도 한다. 그 편이 교류할 가치가 있는 사람이 될 수 있다.

일단 목표를 세우자. 그러면 관심의 폭도 넓어지고 기억하고 싶은 분야에 관한 이해도 깊어진다.

인간관계 유지에 중요한 감성지수의 하락

40세를 기점으로 착각하기 쉬운 IQ와 EQ

대니얼 골먼이 쓴 《EQ 감성지수》에 의하면 EQ, 즉 마음의 지능 지수(Emotional Intelligence Quotient)는 40세까지 순조롭게 높아지다가 40세를 기점으로 떨어지기 시작한다.

EQ란 자신과 타인의 감정을 지각하고 자신의 감정을 컨트롤하는 지적 능력이다. 인간관계를 원만하게 유지하기 위해 갖춰야 할 필수 지능인 셈이다.

일반적으로 지적 지능인 IQ는 나이가 들면서 떨어지고, 반대로 EQ는 인간적으로 성숙해지면 높아진다고 착각하기 쉽다. 그러나 실제로는 정반대다. 40세가 넘어도 IQ는 거의 바뀌지 않고, 인간관계를 유지하는 데 중요한 EQ는 차츰 저하한다.

확실히 40세까지는 조금씩 완만하게 성숙할지도 모르지만, 그 나이대를 지나면 반대로 점점 감정적으로 변하기 쉽다.

실제로 최근에 화를 참지 못하는 노인에 관한 뉴스를 자주 접한다. 전두엽의 노화가 원인이겠지만, 아마 사회생활을 할 때에는 사회적 지위나 체면 때문에 남들의 이목에 신경을 쓰느라 이성을 잃는 일이 거의 없다. 하지만 은퇴하는 순간 그러한 것들에서 해방되고, 뜻대로 되지 않는 주위 환경에 불만이 늘어나는 까닭도 있을 것이다.

감성지수(EQ) 5대 요소

- 자신의 감정을 정확히 안다.
- 자신의 감정을 컨트롤할 수 있다.
- 모든 일을 낙관적으로 생각하고 자신에게 동기부여를 한다.
- 상대방의 감정을 이해한다.
- 사교 능력, 대인관계 능력이 뛰어나다.

이처럼 EQ의 저하, 특히 감정 컨트롤 능력이 저하하는 원인은 전두엽의 위축에 의한 것이다. 아울러 남성의 경우는 남성호르몬의 분비가 저하하는 것도 큰 영향을 미친다. 남성호르몬의 분비가 저하하면 의욕은 물론 이성에 대한 관심도 저하할 뿐만 아니라 동성 친구에게도 흥미를 잃기 때문이다. 즉 모든 인간관계가 귀찮아지게 된다.

원래 남성보다 커뮤니케이션 능력이 뛰어난 여성들이 갱년기를 거치면서 좀 더 사교적으로 변하는 이유 역시 여성호르몬이 감소하고 남성호르몬의 분비가 늘어나는 것과 관련이 있다.

항상 마음에 새겨 둬야 하는 단어, 분노 조절

생리적인 원인은 HRT(호르몬 대체요법)로 치료하면 되지만, 역시 나이가 들면 어쩔 수 없다. 감정 조절이 원활하지 않아 상대방과 자신의 감정에 둔감해지기 쉽다는 사실을 미리 알아 두는 것이 중요하다.

그리고 <u>의도적으로 '분노 조절(anger management)'이란 말을 항상 마음에 새겨 두고</u> 만약 자신이 상대방의 입장이라면 어떨까 언제나 염두에 둬야 한다. 분노를 조절하는 방법을 배워 두는 것도 좋다. 이것도 멋진 '공부'다.

  회사를 그만둔 순간 자기 밑에 있던 부하들이 주위에서 사라졌다면, 그 사람의 EQ가 낮았다는 사실을 부인하기 어렵다. 진심으로 공감하는 능력이 있는 상사들은 퇴직 후에도 연락하고 따르는 직원들이 많을 것이다. 반대인 사람들은 인간관계가 끊어져 버릴지도 모른다.
  오십 대부터 EQ를 유지하도록 의식하고 노력하는 것이 은퇴 후 풍요로운 삶을 위해서도 무척 중요하다.

| 제2장 요점 정리 |

50세, 공부를 못하게 막는 장벽은?

1. 지능은 저하하지 않는다.

    문제는 전두엽이 노화하고 남성호르몬이 저하하는 데 따른 의욕저하다. 의욕 없는 오십 대에 맞는 공부법은 따로 있다.

2. 전두엽의 노화를 예방하려면 예상 밖의 일을 하는 것이 가장 좋다.

    창의력이 없으면 의욕도 생기지 않는다. 똑같은 일을 반복하는 생활에서 벗어나 예상 밖의 일을 의식적으로 계속 벌여야 한다.

3. 자신에게 맞는 동기부여를 찾는 것부터 시작하자.

    오십 대의 공부는 스스로 목표를 설정하고, 스스로 동기를 부여해야 한다.

4. '이래야만 한다'는 당위적 사고방식이 우울과 불안을 초래한다.

    우울증을 예방하려면 사고방식, 관점을 바꿔야 한다. 세상을 바라보는 관점을 바꿔 불쾌한 경험을 줄이고 유쾌한 경험을 늘려가자. 그러면 불쾌한 상황도 유쾌하게 받아들일 수 있다.

5. '스키마'와 '단정적 사고'가 의욕을 떨어뜨린다.

　　지나치게 강한 스키마와 단정적 사고는 머리를 굳게 만들고 공부를 방해하는 요인이지만, 공부를 하면 충분히 벗어날 수 있다.

6. 공부의 목표는 다양한 답이 있다는 것을 아는 것이다.

　　50세부터 시작하는 공부는 두 가지 목적, '다른 길도 있다'와 '길은 얼마든지 있다'는 사고방식을 익히기 위한 것이다. 공부하지 않으면 한 가지 길밖에 모르는 사람이 되기 쉽다.

7. 공부로 인해 우리의 세계와 길이 확장된다.

　　공부를 하면 그때까지 몰랐던 여러 가지 길이 보이게 된다. 다른 길을 선택할지 말지는 별개의 일이다. '다른 길도 있다'고 생각할 수 있는 가능성까지 닫아 두진 말자.

8. 기명력은 저하하지 않지만, 유지력과 상기력이 쇠퇴한다.

　　중장년이 되면 의욕 저하가 기억력에 매우 큰 영향을 미친다. 필요 없는 일, 관심 없는 일이라는 판단이 들면 애초에 복습하면서까지 기억하려는 의욕이 일지 않는다.

기억력이 떨어지지 않도록 학생 때처럼 열심히 공부해야 한다.

9. 단순 기억보다 의미 기억으로 승부하라.
무조건적인 암기는 젊은 사람들이 유리한 게 자명한 사실이지만 그렇다고 포기는 금물이다. 중장년은 이해력으로 승부하는 법이다. 이해한 것은 사고의 일환이 되어 언제든지 끄집어 낼 수 있는 상태의 지식이 된다.

10. 기억한 것을 바로 사용하고 아웃풋하는 것이 성인의 복습법이다.
기억은 사용하는 동안 재정착한다. 새로운 사람과 만나거나 기억한 지 얼마 안 된 일을 SNS에 올리고 지인과의 수다, 강연 등에서 가능한 한 많이 활용하자.

11. 감성지수(EQ)는 40세를 기점으로 저하한다.
분노 조절과 공감을 의식적으로 공부하자. EQ는 현대 사회에서 인간관계를 원만하게 유지하기 위해 갖춰야 할 필수 지능이다.

3

50세, 무엇을 어떻게 공부해야 할까?

코코 샤넬로 널리 알려진 가브리엘 샤넬^{Gabrielle Chane}은 제2차 세계대전 당시 독일 정보원과 연관됐다는 추문 때문에 디자인계에서 은퇴해야 했다. 71세 나이로 캉봉가(街)에 있는 부티크로 돌아온 그녀의 성공을 점친 사람은 아무도 없었다. 이미 파리 패션계는 크리스티앙 디오르 등 그녀의 후배들이 완전히 점령했기 때문이었다. 하지만 샤넬은 다시 한 번 패션계를 평정하고 세상을 떠날 때까지 최고 자리를 지켰다.

지식인에서 사상가로의 변신은 무죄

사회가 요구하는 지식인의 자질

학창시절부터 사십 대까지 대부분의 공부는 지식의 인풋이다. 물론 나이가 들어도 새로운 정보와 지식을 접하고 내 것으로 흡수하려는 자세는 중요하다. 지식이라는 재료가 있어야 새로운 아이디어, 새로운 계획이 생겨나기 때문이다.

그러나 제1장 '50세, 왜 지금 공부가 필요할까?'에서 다룬 것처럼 지식의 양 그 자체를 겨룬다면 AI를 당해 낼 수 없다. 뿐만 아니라 기억력도 좋고 제대로 복습도 하는 젊은 세대에게도 이길 수 없다.

어차피 인터넷으로 조금만 검색해 보면 대개의 지식은 누구나 바로 얻을 수 있는 시대다. 예전처럼 박학다식하다고 해서 널리 인정받거나 존경받는 일은 없다. 이제 어딘가에 쓰여 있거나 누군가가 말한 정보를 그대로 옮기는 사람은 비웃음을 살 뿐이다. 아직 퀴즈 프로그램이 인기가 있는 것처럼 많은 사람에게 박식함에 대한 신앙이 남아 있는 것은 자명한 사실이지만, 적어도 가까운 미래에 지식인의 정의가 바뀔 것이다.

그렇다면 이제 사회는 어떤 자질을 요구하게 될까?

그것은 바로 지식, 정보에 대한 나름의 독자적 해석, 분석, 시점, 또 그것에 기초한 '의견'이다.

이러한 것들이 있어야지만 '이 주제에 관해 저 사람이라면 어떤 말을 할까?' '어떤 의견을 갖고 있을까?' '참신한 시각으로 정보를 분석해 주지 않을까?' 등의 기대를 갖고 사람들이 모여든다. 자신의 전문 분야는 물론 SNS에서의 사적 발언, 투고 역시 마찬가지다.

요즘 일본에서 프리랜서 저널리스트로 활동 중인 이케가미 아키라(池上彰) 교수가 인기를 끄는 것은 단순히 지식을 쉽게 해설해 주기 때문만이 아니다. 자기 의견을 명확하게 밝히기 때문이다.

<u>50세를 넘은 사람이 배워야 하는 것은 지식 그 자체가 아니라 지식을 파악하는 방법이다.</u>

50세부터
지식을 파악하는 방법

그렇다면 지식을 파악하는 법은 구체적으로 어떻게 배울 수 있을까? 나의 경우는 다음과 같이 생각한다.

<u>첫째, 지금의 답이 십 년 후의 답이라고 단정하지 말 것.</u>
얼마 전까지 콜레스테롤 수치가 높으면 건강에 나쁘다는 게 정설이었다. 하지만 지금은 수치가 어느 정도 높아야 장수한다는 주장도 들린다. 전에는 몸에 좋다고 여겼던 마가린이 지금은 몸에 나쁜 지방의 대표가 되었다.

이처럼 어제까지 옳다고 알려졌던 정보가 새로운 사실에 의해 하룻밤 새 뒤집히는 일이 허다하다. 대부분은 현시점에서 증명되지 않은 가설일 뿐이다. 그렇다면 현재의 정답이 십 년 후까지 여전히 정답이라고는 단언할 수 없다.

암세포의 경우도 마찬가지다. 제거하는 게 좋은지 방치하는 게 좋은지 아직 확실하지 않다. 그 누구도 장기적으로 대규모 조사를 한 것이 아닌 까닭이다.

한 가지 예를 더 들어 보자. 많은 사람이 공산주의는 끝났다고 생각한다. 과연 그렇게 결론지을 수 있을까? 마르크스는 자본주의 뒤에 공산주의가 온다고 주장했다. 시장 개방 전의 중국이나 구소련의 경제가 순탄하지 못했던 것은 자본주의가 본격적으로 시작되기 전에 공산주의를 받아들였기 때문일 수도 있다. 자본주의의 선봉에 서서 계급 간 격차가 점점 벌어지고 있는 미국과 미국을 추종하는 일본 등 여러 나라에서 결국 자본주의가 한계에 부딪히지 않을 거라고는 장담할 수 없다. AI가 진화해서 대부분의 일을 로봇에게 시키고 이윤을 모두가 나눠 갖는 사회가 오지 말란 법은 없다.

최소한 지금의 주주자본주의(미국식 자본주의)에서는 AI나 로봇보다 뛰어나지 않은 인간은 인건비를 축내는 존재나 다름없다. 이 때문에 얼마 뒤 실업률이 60~80퍼센트에 달하는 시대가 올지도 모른다는 예측은 앞서 서술했다. 앞으로 더욱 부를 쌓아 갈 소수의 부유층을 대다수의 사람들이 언제까지 순순히 받아들일 수 있을까?

이런 얘기는 어디까지나 하나의 예시일 뿐이다. 언제나 모든 것을 이해하고 알고 있다는 태도보다는 알고 있는 답마저 어디까지나 현시점의 가설에 지나지 않는다는 것을 전제로 모든 지식과 정보를 대하는 자세가 중요하다.

둘째, 모든 일을 깊고 넓게 파고들어 다른 답을 찾을 것.

그러려면 평소 당연시했던 답을 의심해 보고 다른 가능성은 없는지 따져 보는 습관이 유익하다.

TV의 보도 프로그램을 보면서 해설자나 평론가의 그럴싸한 해설을 의심해 보는 습관도 좋다. 또 다른 해법이 없는지 궁리해 보는 버릇도 몸에 익혀 두자. 예를 들어 매스컴에서는 법인세를 더 낮춰야 기업이 모두 해외로 빠져나가지 않고 외국 기업을 유치할 수 있다고 주장하지만, 정말 그럴까? 오히려 세율을 더 높이고, 회사의 경상비 범위를 더 폭 넓게 인정해 주는 편이 경기도 좋아지고 세수도 오르는 것은 아닐까?

이 의견을 경제학자에게 말하면 아마추어의 생각이라고 일축해 버릴지도 모른다. 그러나 시험해 보기 전까지는 결과를 알 수 없다. 양적 완화 정책과 마이너스 금리를 시행해 돈을 마구 찍어내면 기대인플레이션율*이 2퍼센트가 되어 경기가 회복할 거란 주장도 하나의 가설에 지나지 않았고, 그 결과는 여러분이 아는 그대로다.

---

* 기대인플레이션은 경기 주체들이 예상하는 미래의 인플레이션을 의미하며, 경제 분야의 주된 이슈를 결정하는 데 상당한 영향을 미친다. 기대인플레이션이 높으면 은행 등 제도권 금융기관의 예금이 대거 빠져나가고 실물 시장에 대한 투자가 집중되는 경향을 보인다. 반면, 기대인플레이션이 낮으면 정부가 시장에 개입해 시중의 금리 수준을 낮추는 등 자금난을 해소하려는 노력을 기울인다.

본디 경제학은 많은 사람이 완전한 정보를 가지고, 합리적인 판단을 할 수 있다는 가설하에 발전해 왔다. 하지만 그런 일이 불가능하다는 것은 모든 사람이 잘 알고 있다. 완전한 정보를 갖추지 못한 사람이 어떠한 행동을 취할지를 연구한 스티글리츠(Joseph E. Stiglitz)와 인간의 불합리한 행동 경향을 분석한 카네만(Daniel Kahneman)이 노벨 경제학상을 수상한 까닭이다. 특히 카네만은 스탠포드 대학교의 심리학 교수임에도 불구하고 노벨 경제학상을 수상했다.

일본에서는 주로 아침 방송에서 경제를 논하는데, 서민을 대표해 개그맨을 섭외하는 경우는 있어도 심리학자를 내세우는 경우는 드물다. 그 외에는 경제학자나 이코노미스트로 불리는 전문가들이 출연자의 전부다. 누구를 부를지는 방송사의 자유지만, 이래서야 식상한 의견만 나올 수밖에 없다.

그러나 일반적으로 옳다고 여겨지는 답이나 처음 얻은 답이 아닌 다른 해답을 찾다 보면 남들과 다른 나만의 독특한 관점을 갖게 된다. 같은 정보를 가지고도 깊은 통찰, 남다른 추론이 가능한 사람은 특히 사회적 지위를 획득한 중장년이 될수록 드물어서 사회에서 희소가치를 갖는다.

한 가지 예를 더 들어 보자.

얼마 전 디오반(Diovan)이라는 혈압약 논문 조작 사건이 사회적으로 큰 물의를 빚었다. 물론 논문 조작 자체가 허용되는 행위는 아니지만, 여기서 주목해야 할 문제는 실험 결과를 왜 조작할 수밖에 없었냐는 것이다. 이것을 단순히 도덕 문제, 개인의 윤리 문제로 치부해 버리면 다른 시점으로 바라볼 수 없다.

실험 결과 조작은 구미에서 확실히 심근경색과 뇌경색을 감소시킨다는 대규모 조사 데이터가 나왔는데 일본에서는 유의차*가 나오지 않았기 때문에 이뤄졌다고 한다. 원래 심근경색에 의한 일본의 사망률은 미국의 1/4 수준이다. 식사(구미와 달리 일본의 식단은 심근경색이 발병하기 어렵다)를 통해 이미 1/4까지 발병률을 줄인 나라에서는 디오반뿐만 아니라 다른 혈압약을 장기간 복용해도 뇌경색이나 심근경색 예방 효과는 나타나지 않을지도 모른다.

다른 예도 있다. 삼십 여 년 전 큰 소동이 벌어진 약품 피해 에이즈 사건**을 살펴보자. 당시 일본의 테이쿄 대학병원에서 비가열혈액제를 투여하여 환자들이 에이즈에 감염되어 사망했다.

---

* 통계적 검정에 의해 통계적으로 유의미하다고 결론을 지은 평균이나 비율의 차.
** 1985년, 일본에서 약 1,400여 명이 혈우병 치료 등을 위해 채혈 후 멸균 처리를 하지 않은 비가열혈액제를 투여받아 에이즈 바이러스에 감염되어 600명 남짓 사망한 사건을 말한다.

내과 책임자가 심하게 비난받았지만 비가열혈액제가 나오기 전 혈우병 환자의 평균수명은 29세였다. 당시에는 에이즈에 걸리면 오 년에서 십 년은 살 수 있다는 게 정설이었지만, 알다시피 에이즈는 더 이상 불치병이 아니다.

결과를 놓고 생각해 보자. 비가열혈액제를 사용하지 않아서 지금 죽는 것을 방치하는 것이 아니라 사용한 뒤 의학의 진보를 기다리는 방법도 있다.

이처럼 일반 미디어에서 얻은 정보뿐만 아니라 사건의 배경을 깊이 파헤치거나 관련 정보를 심도 있게 조사하다 보면 표면적인 보도로는 몰랐던 다양한 사실이 보인다. 뿌리 깊은 문제를 알아채기도 한다. 또 모든 것을 단순하게 선악으로 나누는 이분법적 사고가 아닌 제3의 시점, 의견을 갖게 된다.

뿐만 아니다. 전례를 따르지 않고 항상 복수의 해답을 찾는 습관은 전두엽을 자극하기 때문에 전두엽의 노화를 방지할 수 있다. 이런 습관을 몸에 익혀 두면 점점 유연한 발상이 가능해진다.

<u>셋째, 공부의 목적은 다양한 답이 있다는 것을 알아가는 과정임을 잊지 말 것.</u>

그동안 공부에 대한 일반적인 이미지는 단 하나의 진실을 탐구하는 것이었다. 실제로 대부분의 시험 문제는 정답이 하나뿐이다. 복수의 답이 있는 문제는 나쁜 문제라고 배제되어 왔다. 그 연장선상일까? 많은 사람이 경영이나 정치, 경제, 대인관계 혹은 인간의 심리까지 정답이 유일하다는 전제하에 맞았는지 틀렸는지, 선인지 악인지를 판단하려 드는 경향이 강하다.

특히 나이가 들고 전두엽이 노화하면 그런 경향이 더욱 강해지고, 일단 자기가 받아들인 지식 이외의 것은 거부하게 된다. '나는 이미 알고 있다'는 입장에서 한 치도 물러서지 않는다.

하지만 이미 이야기한 것처럼 자신과 입장이 다른 사람과 만나거나 자기가 모르는 세계, 자기와 다른 가치관을 가진 사람의 글을 읽다 보면 세상에는 다양한 답이 있고 가치관이 존재한다는 사실에 놀라게 된다.

그것이 바로 공부다.

앞에서도 여러 차례 다뤘지만 공부는 하나의 답을 알기 위함이 아니라 다양한 답이 있다는 것을 알기 위해 존재한다. 그래서 인생은 즐겁다. 아직도 모르는 세계가 많이 남아 있다고 생각하면 오래오래 건강하게 살고 싶어진다. 50세를 넘기면 특히 이 사실을 잊지 않았으면 한다.

젊은이에게 없는
중년의 강점

　　　　　단순히 지식의 양만으로는 더 이상 승부할 수 없다는 이야기를 수차례 했는데, 그것이 곧 지식을 쌓지 않아도 된다는 뜻은 절대 아니다.
<u>머릿속에 지식을 쌓는 것은 당연하고, 그것을 활용해 자신의 지혜로 만들지 않으면 의미가 없다.</u>

물론 전례나 상식, 권위에 사로잡히지 않고, 새로운 해답을 찾고 자신만의 의견, 해석을 갖는 습관도 중요하다. 하지만 '오늘날 신자유주의자들의 주장은 미국의 압력에 굴복한 것에 불과하다'라는 주장을 하려면 '신자유주의'의 정의를 알아야만 하고, 그 전의 케인스 시대에 관해서도 알아야 하며, 경우에 따라서는 막스 베버와 마르크스에 대해서도 알아야만 한다.

1970년대부터 반세기 동안 미국을 중심으로 이뤄진 닉슨 쇼크, 플라자 합의*, 레이거노믹스 같은 세계의 경제 정책이 어떤 배경에서 태어났는지, 그리고 현재의 미국과 세계의 경제지표

＊ 1985년 미국의 달러화 강세를 완화하려는 목적으로 G5(미국, 영국, 독일, 프랑스, 일본)의 재무장관들이 뉴욕 플라자 호텔에서 맺은 합의.

에 대해서도 어느 정도 파악해 둬야 할 필요가 있다.

즉, 사실을 줄줄 나열하는 것만으로는 만물박사 아저씨나 위키피디아 취급을 받기 딱 좋다. 요즘 세상은 여러 지식을 종합하여 하나의 현상을 어떻게 파악해 내는지, 그 안에 혁신적인 시각을 얼마나 포함하고 있는지, 또 자기만의 시각에 근거해 구체적인 행동으로 옮길 수 있는지를 요구한다(이 정도 수준이 가능하다면 경제학자와 논쟁해도 밀리지 않을 테니, 이왕이면 공부의 목표를 높게 잡도록 하자).

가령 심리학 전공자의 눈으로 경제를, 의학박사의 눈으로 정치를, 해외 영업을 오래한 실무자의 입장에서 현재의 불평등 문제를 파악해 보자. 자신만이 할 수 있는 특별한 전문 분야가 있다면 누구와도 견줄 수 없는 강점이 될 것이다.

전문 분야에서 쌓은 지식과 경험을 독자적인 시점과 의견에 녹여 내지 못한다면 매우 안타까운 일이다. 여태껏 쌓아 온 지식과 경험을 활용하는 것이야말로 젊은 사람에게 패하지 않는 중장년층만의 강점이다.

> # 공부를 시작할 때
> # 가장 먼저 할 일

50세부터 시작하는
공부의 두 가지 목적

　　　　　50세부터 공부를 시작한다면 어떤 목적으로 무엇을 공부해야 할까?

현실적으로는 아래에서 간단히 소개할 네 가지 패턴이 있다.

이중 두 가지는 돈을 버는 게 목적이고, 나머지 둘은 꼭 돈을 목적으로 삼지 않는다. 오히려 이제까지 모아 둔 저축을 자신을 위해 사용해야 한다.

보수가 목적에 포함된 경우

첫째, 더욱 높은 곳으로 나아가기 위한 공부

현장을 누비던 기술직이 인사부장이 되거나 해외 지사 혹은 이제까지와는 전혀 다른 업종의 자회사 사장이나 임원으로 발령받는 일은 드물지 않다. 그게 아니라도 어느 정도 책임을 지는 위치로 승진하거나 고용인 수가 증가하면 기업 간 M&A나 내부 방침으로 인해 이제까지 경험한 적 없는 일을 맡게 되는 경우가 생긴다.

어떤 경우라도 사령탑을 맡은 그날부터 공부를 해야만 한다. 제2장 '50세, 공부를 못하게 막는 장벽은?'에서 소개한 '기억법'과 '전두엽의 노화를 예방하는 법'이 도움이 될 것이다.

또한 이 과정에서 늦은 나이에 영어 공부를 시작해야만 하는 사람도 있을 수 있다. 실제로 다니던 회사가 갑자기 외국 회사와 합병되는 바람에 영어로 회의나 업무를 진행해야만 했던 사연을 빈번히 들었다.

그러나 겁낼 필요는 없다. 50세 이후 본격적으로 영어 공부를 시작하여 전문 분야의 동시통역을 맡게 된 엔지니어도 있으니까 말이다(영어 공부 하는 법은 뒤에서 자세히 소개하겠다).

<u>둘째, 지금 당장 혹은 정년 후 창업을 위한 공부</u>
정년 후 창업은 크게 두 가지로 나뉜다.

① 지금까지의 전문성과 인맥을 살려 독립해 창업

　　예) ○○컨설턴트

② 자격증을 취득해 이제까지와는 전혀 다른 업종으로 개업

　　예) 한의사, 노무사, 음식점 경영, 임상심리사 등

　자격증이 필요하면 당장 공부를 시작하는 것은 물론 사업 계획이나 전략을 짜고, 인맥을 만드는 등 지금부터 차근차근 준비를 시작해 두는 편이 좋다. 시간이 흐를수록 전두엽이 노화하고 의욕과 창의력이 지금보다 저하할 가능성이 크기 때문이다.

　또한 학문적 지식보다 오랜 인생 경험을 바탕으로 인간 관찰력, 소통력을 살리는 업종이 젊은 사람과의 경쟁에서 밀리지 않고 차별화할 수 있는 길이다.

보수가 목적에 포함되지 않은 경우

셋째, 꿈을 실현하기 위한 공부

　젊은 시절부터 쭉 꿈꿔 왔던 꿈, 예를 들어 음악, 그림, 연극, 문학이나 역사 연구 등 누구에게나 눈앞의 현실 때문에 포기했던 꿈이 하나쯤은 있지 않을까?

　나의 경우는 영화였다. 고등학교 시절의 장래희망이 영화감

독이었다. 다만 학창시절 찍은 독립영화가 실패하면서 겨우 꿈을 이룬 것은 47세가 되던 해였다. 덕분에 이제까지 세 편의 영화를 찍었고, 어쩌다 일본의 원로 배우들도 출연해 주는 행운도 얻었다. 하지만 흥행하는 데에는 실패해 지금 하는 일은 모두 영화 제작비를 모으기 위한 것이라 해도 과언이 아니다.

영화 제작은 확실히 돈이 많이 들지만 이제는 디지털로 찍고 컴퓨터로 편집이 가능해져서 다큐멘터리는 거의 돈을 안 들이고도 만들 수 있다. 편집이나 촬영을 얼마간 공부해야 하지만 좋은 작품을 만들면 영화제 수상도 노릴 수 있다. 더군다나 해외 영화제에서 상을 받는 건 참 기분 좋은 일이다. 다큐멘터리 부문에 상을 주는 영화제도 여럿 있다.

내가 2007년 그랑프리상을 수상했던 모나코 국제영화제에서 특히 주목을 받았던 영화는 해리슨 포드가 내레이션을 맡은 달라이 라마의 다큐멘터리 「달라이 라마 르네상스(Dalai Lama Renaissance)」였다. 지인 중에 배우가 있으면 출연 부탁은 쑥스럽더라도 내레이션이라면 부탁하기 수월할지도 모른다.

다른 분야의 문화 활동의 경우엔 독학을 해도 괜찮지만, 고전 문학이나 역사라면 방송대학이나 사회인을 위한 사이버 대학 또는 대학원에 진학하는 편이, 음악이나 그림처럼 예술 분야를 공부할 생각이라면 선생님을 알아보는 것부터 시작하면 될 것이다.

같은 꿈을 지닌 동료들이 곁에 있다면 좋겠지만 꼭 그렇지 않더라도 학교에 가면 동료를 만나게 된다.

다만 대학이나 대학원에 진학하기로 결정했다면 주의가 필요하다. 국립대를 포함해 많은 학교가 경영난을 겪고 있어 사회인을 위한 특수 대학원 등이 돈벌이 수단으로 변질된 경우가 적지 않다. 학비와 강의 커리큘럼을 잘 살펴보자. 뭔가를 배울 수 있는 학과는 의외로 한정되어 있다.

재취업을 위해 학위가 필요한 경우라면 몰라도 연구 자체가 목적인 경우는 대학의 지명도와 랭킹이 아니라 연구 주제와 지도 교수(당신의 가치관과는 정반대 입장을 취하는 교수가 지도교수가 될 수도 있다)에 따라 신중하게 선택해야 한다.

넷째, 친구를 만들기 위한 공부

내용적인 면에서는 비슷한 점이 많지만, 음악이라든지 역사 연구 등 공부에서 파생하는 인간관계를 뜻한다.

따라서 시 낭독 모임, 고전 혹은 인문 등의 다양한 공부 모임, NPO(비영리 단체) 활동, 지역 활동, 간호 등 각종 자원봉사에 참여하는 모든 행위가 여기에 모두 포함된다.

나는 독학으로 와인을 공부하다가 영화와 함께 평생의 취미가 되었지만, 그 목적은 와인 수집가나 소믈리에 혹은 평론가가 되거나 와인 바를 열기 위한 것이 아니다. 와인 투자가가 되기 위한 것은 더더욱 아니다. 다만 한 달에 한 번쯤 조금 비싸고 귀한 와인을 개봉하는 것을 미끼(?)로 많은 사람과 만나고 싶을 뿐이다.

목적을 세우기 전에 자문해 볼 네 가지 질문

어떤 목적으로든 공부를 지속하는 데에는 현실적인 제약이 따르기 마련이다. 다음 네 가지 질문에 자신만의 답을 분명히 낸 다음 공부를 시작하자.

여러분이 막연하게 시작한 공부를 이 조건에 비춰보면 어떻게 될까?

- 최종 목표는 무엇인가?
- 목표를 달성하기까지 비용과 시간은 얼마나 소요되는가?
- 목표 달성을 위해 필요한 기량(영어, 컴퓨터, 통계 등)은 무엇인가?

- 자신이 확보할 수 있는 인맥이나 환경, 배우는 장소까지의 물리적인 거리 등 여러 조건이 괜찮은가?

한 가지 덧붙이고 싶은 조언은 배우는 과정 중에 좋은 의미에서 목표가 바뀌는 경우도 많다는 것이다. 어디까지나 취미를 극대화하고 젊음을 유지하기 위해 시작한 공부가 비즈니스로 연결되거나 생각지도 못하게 자신의 재능을 발견하는 계기가 되기도 한다. '예상외'의 상황을 즐길 수 있도록 미리 각오해 두자.

공부를
오래 지속하는 비결

마지막으로 가장 중요한 조건에 관해서 이야기해 보자.
어떤 경우에도 공부는 당신이 좋아하는 것, 혹은 좋아할 만한 일이어야 한다.
그렇지 않아도 의욕이 저하하기 쉽다는 약점이 떡 버티고 있는데, 좋아하는 일이 아니면 절대 지속할 수 없다. 정말로 좋아하는 일을 공부하기 바란다. 좋아하는 일을 하며 산다고 하면 제멋대로인 이미지를 떠올리는 세대에게는 의외로 어려운 일일지도 모른다. 하지만 이는 가족을 책임질 의무가 있는 젊은 세대가 얻을 수 없는, 즉 책임감에서 벗어난 중장년층만의 특권이다.

영어를 배워 두면 좋은 이유

영어에서 가장 필요한 두 가지 기능

　　무엇을 공부할지에 따라 다르지만, 대다수의 경우 영어를 배워 두는 편이 좋다. 견문과 인맥, 즐거움까지 넓어지기 때문이다.

　다만 토익 같은 시험을 목표로 공부할 필요는 없다. 젊은 사람들은 대부분 영어를 잘할 수 있게 되는 것이 목적인 경우가 많지만, 50세의 영어 공부는 다르다. 어디까지나 수단이다. 지식을 획득하거나, 자신의 의견을 피력하거나 외국인들과 교류하기 위한 수단 말이다.

　영어의 네 가지 기능인 읽기, 쓰기, 듣기, 말하기 중에서 중장년이 특히 노력해야 하는 것은 두 가지, 읽기와 말하기다.

두 능력에 대해 좀 더 자세히 살펴보자.

폭넓은 정보 수집이 가능한
읽기 능력

영어 공부를 할 때는 영어로 쓰인 인터넷 뉴스 기사나 전문 분야의 논문을 무리없이 읽을 수 있는 수준을 목표로 하자. 남다른 정보 수집이 가능해진다.

요즘은 인터넷을 통해 〈뉴욕 타임스〉 등 영어로 된 뉴스 기사를 바로바로 읽을 수 있다. 재빠르게 발췌 번역 기사가 나오긴 하지만 번역하는 측의 견해가 반영된 기사가 많고, 링크된 주소를 클릭하면 영문 기사로 연결되기 일쑤다. 때로는 〈이코노미스트〉처럼 영어로만 기사를 제공하는 매체도 있다.

나의 경우, 일본에는 애초에 영어로 쓰인 논문을 읽는 사람이 많지 않기 때문에 정신분석학 분야의 논문을 읽고 최신 동향을 체크하는 것으로 차별화하고 있다. 또 최신 학문인 상호주관성 시스템 정신분석학(Intersubjective system psychoanalysis) 관런 메일링 리스트에 가입해 최신 논문도 실시간으로 받아 보고 있다.

우선은 자신의 전문 분야나 흥미가 있는 분야의 자료부터 사전을 찾아 가며 읽어 보자. 계속하다 보면 점점 빨리 읽게 된다. 대학원을 준비 중인 사람이라면 입학 조건에 영어 시험이 있는 학교도 있으니까 필시 도움이 될 것이다.

구체적으로는 〈USA Today〉(읽기 쉬운 수준이다. 아마존 앱을 다운로드하면 무료로 읽을 수 있다)나 〈People〉(문법 수준이 낮은 데다 탤런트나 유명인 관련 기사가 많아서 무척 친숙하다) 같은 잡지를 정기 구독할 것을 권한다.

풍부한 경험을 전달하는 말하기 능력

앞으로 외국인과 교류하거나 의견을 교환할 기회는 지금보다 늘면 늘었지 절대로 줄어들지 않을 것이다. 그리고 대체로 영어권 이외의 사람들과 영어를 사용해 교류하게 될 것이다. 이제 대부분의 사람은 영어를 할 줄 안다. 영어는 전 세계 공용어니까 말이다.

영어를 전문적으로 공부하는 사람이라면 아무래도 발음과 문법에 연연하겠지만 상대방 대부분이 네이티브 스피커가 아닌 시대에 발음이 안 좋은 것은 피차일반이다. 그보다 중요한 것은 대화의 내용이다.

전 세계의 젊은이들이 모인 국제회의 같은 곳에서 항상 화제가 되는 것은 일본인의 소극적인 태도다. 잘 들어 보면 모두 중요한 사안을 말하지 않더라도 당당하게 자신의 의견을 내세운다. 그중에 일본인은 있는지 없는지조차 모른다고 한다.

벌써 이십 년 전 사연이지만, 미국 유학 시절 시카고인가 어딘가의 호텔 바에서 한잔하다가 미국인에게 "미국 자동차 산업이 일본한테 패배한 이유를 뭐라고 생각해?"라고 갑작스러운 질문을 받았다.

당시 미국에서는 '마쓰다'의 인기가 높았기 때문에 마쓰다 이야기를 꺼냈다.

"마쓰다 역시 부진했던 시기가 있었다. 하지만 미국 회사처럼 공장에서 일하는 사원들을 해고하지 않고 영업점에 보내서 고객의 니즈와 클레임을 듣게 하며 공부를 시켰다. 그 결과 당시 주류였던 세단이나 스포츠카가 아닌 해치백을 개발해 엄청 많이 팔았다"고 설명하자, 말을 걸었던 미국인이 자기 일행에게 이렇게 말했다. "이 사람, 영어 발음은 이상한데 내용은 재밌네."

그 후 지인(의사 면허는 있던 유학생)으로부터 뉴욕에 위치한 어느 의학 연구소의 일본인 소장에 관한 이야기를 들었다. 그 소장은 미국의 학술잡지 조사위원으로 일할 정도로 읽기 능력이 뛰어나고 영문 논문도 엄청 잘 쓰는데, 영어 발음을 고치려고 하지 않아서 원어민과의 대화가 불가능하다는 것이었다. 같은 일본인끼리는 발음이나 억양 등이 이상해도 잘 알아듣기 때문에, 소장의 말을 듣기 쉬운 영어로 고쳐 주면 미국인들이 굉장히 고마워했다고 한다.

무슨 말이냐면 그 정도로 발음이 나빠도 대화의 내용에 가치가 있으면 사람들은 어떻게 해서라도 의견을 듣고 싶어 한다는 것이다. 바꾸어 말하면 발음이 아무리 좋아도 내용이 없는 이야기는 들으려고 하지 않는다. 우리가 알맹이 없는 이야기를 계속하는 자국인보다 다소 언어는 서툴더라도 재미있는 이야기를 해 주는 외국인의 이야기를 들으려는 것과 마찬가지다.

그런 점에서 중장년은 유리하다. 오랜 사회 경험을 통해 나름의 지식과 사상을 쌓았을 테니 말이다. 대화의 내용을 어떻게 풍성하게 만들지가 고민이라면 이 장의 첫 항목을 참고하기 바란다.

영어보다 모국어 실력이 먼저

의견을 말할 수 없다면 대화도 불가능

영어로 자신의 의견을 표현하지 못하는 영어 학습자가 많다는 이야기를 꺼냈지만, 그런 사람은 원래 모국어로도 자기 의견을 말하지 않는다. 아니, 말하지 않는다기보다 말하지 못하는 사람이 많다. 대화 중에 오로지 '상황을 지켜보는' 사람일수록 똑똑하다고 불리는 경우가 많다. 혹은 반대를 위한 반대 의견을 내놓거나 논리적이지 않고 감정적으로 반론하기 일쑤다. 어쩌면 자신을 포함해 그런 사람이 많다는 것을 알고 있어서 입을 꾹 다물고 있는지도 모른다.

그러나 대화라는 것은 자기 의견을 말하고 상대방이 그에 대한 반응을 내놓으면서 서로 쌓아 가는 것이다. 아웃풋하는 습관 없이는 대화를 할 수 없다.

 게다가 영어 공부를 위해서도 모국어로 자신의 의견을 표명하는 습관은 꼭 필요하다.

 다행히 지금은 블로그나 페이스북, 트위터 등 인터넷 상에서 무명의 개인들이 자유롭게 참여할 수 있는 다양한 표현의 장이 마련되어 있다. 업무상 SNS 사용이 금지된 사람이라도 조직을 나오면 자유롭게 표현할 수 있게 될 것이다.

 그러나 갑자기 글을 쓰려고 하면 무엇을 써야 할지 좀처럼 생각나지 않는다. 지금부터 기회가 있을 때마다 자기 의견을 표현해 보자.

모국어를 올바르게
사용하지 못하면

 주의해야 할 점은 의견이나 내용 이전에 모국어를 제대로 사용하고 있는지다. 무슨 뚱딴지 같은 소리냐고 생각할지도 모르지만, 내가 쭉 지켜본 바로는 모국어를 정확하게 구사하는 사람이 해마다 줄고 있다. 누구나 인터넷 상에서 쉽게 글을 쓸 수 있게 된 폐해인지도 모른다.

젊은 사람이라면 몰라도 50세 이상의 성인이 올바른 모국어를 사용하지 못한다면 의견 운운하기 이전에 무시당할 게 뻔하다. 모국어를 쓸 때는 외국어와 달리 내용만큼이나 정확한 표현이 필수다.

최근 영향력 있는 한 뉴스 사이트에 게재된 미국 미디어에 대한 특집 기사에 흔한 표기 오류가 있었다. 이를 발견한 사람은 "사소한 부분에 흠을 잡고 싶지 않지만, 실수를 발견하자마자 다른 기사를 읽고 싶은 마음도 사라졌다"라고 페이스북에 글을 썼다.

모국어 실력은 어떤 의미로 옷차림이나 몸가짐과 닮아 있는지도 모른다. 특히 어느 정도 나이가 되면 겉모습으로 그 사람의 수준을 판단할 수 있다. 자신의 지위나 입장에 어울리는 외모, 행동, 말씨만으로 지성과 감성 수준을 판단할 수 있다(유럽은 물론 미국인들도 사용하는 어휘로 그 사람이 속한 계층을 파악한다).

관용구나 조사를 잘못 사용하는 것만을 지적하는 게 아니다. 읽기 힘든 문장, 품위 없는 문장, 어휘력이 부족한 문장, 논리적이지 않은 문장, 재미없고 딱딱한 문장…… 세상에는 안 좋은 문장이 만연한다.

그런 문장만 접하다 보면 모국어 실력은 점점 퇴화할 수밖에 없다. 그렇기 때문에 고전적인 방법으로 올바른 모국어 능력을 단련해야만 한다.

모국어 실력을 쌓는 지름길

내가 말하는 '고전적인 방법'이란 훌륭한 문장을 필사해서 몸에 익히는 것이다.

옛날 작가들은 수업의 일환으로 명문으로 꼽히는 소설가의 문장을 그대로 베껴 썼다고 한다. 지금도 후배에게 필사를 권장하는 작가나 편집자가 적지 않다.

그렇다면 평범한 비즈니스맨들은 무엇을 필사하면 좋을까?

우선 신문 칼럼은 어떨까? 필자들은 나름 문장이 뛰어난 사람들이고 분량도 적당하다. 또한 그때그때의 화제거리를 소재로 삼기 때문에, 세상 동향이나 그에 대한 다른 사람의 의견도 알 수 있다. 또한 어떻게 이야기를 전개하면 사람들이 흥미를 느끼는지도 참고할 수 있다. 게다가 매일 연재하니 필사 습관을 들이기에도 딱 좋을 것이다.

그 밖에 모국어 실력을 쌓으려면 역시 제대로 된 비평가나 십 년에 한 번 정도밖에 책을 내지 않는 연구자 들의 저서를 읽으면 좋다.

일생에 두세 권밖에 책을 내지 않는 사람들은 사력을 다해 글을 쓴다. 그리고 대개 오래되고 안정된 출판사에서 책을 낸다. 제대로 된 출판사에서 낸 책이라면 교정이나 감수도 꼼꼼하게 봤을 테니 적어도 어법이나 문법적인 실수가 없을 것이다.

독서할 시간이 없다면 '속독'이 아닌 '부분 숙독'으로

좌우상하
폭넓게 읽기의 장점

독서 이야기가 나왔으니 이 참에 나의 독서법도 소개하고자 한다.

모국어 훈련이 아니라 다양한 생각을 알기 위한 독서는 책뿐만 아니라 신문, 잡지, 인터넷 기사까지 권위에 구애받지 않고 닥치는 대로 뭐든지 읽는 편이 좋다. 좌에서 우, 위에서 아래까지 넓으면 넓을수록 좋다.

잡지로 치면 삼류 가십지부터 정치, 경제 분야의 잡지까지, 인터넷 매체라면 신문사의 디지털 매체부터 젊은 세대들이 주로 이용하는 사이트까지 말이다.

앞서 소개했듯이 의견이 다른 사람들이 주로 보는 책이나 미디어 역시 싫어도 의식적으로 살펴야 한다. 전두엽을 활성화하는 훈련이 될 뿐만 아니라 공부의 본 목적인 '다양한 답을 알' 필요가 있기 때문이다.

최근에는 소규모로 운영하는 유료 메일 매거진이 늘어나고 있다. 대개 그런 메일 매거진 발행인은 비교적 젊은 사람이 많다. 그러나 우리 나이에 특정인의 열성 팔로워가 되는 것은 탐탁지 않다. 나이 50의 추종자가 전하는 풋내기 교주의 말에는 그 누구도 귀를 기울이지 않을 테니 말이다.

TV로 정세를 파악할 때 유의할 점

그렇지만 미디어 매체가 TV나 가벼운 책보다는 약간 낫다. 최근의 TV 프로그램은 정보원으로서의 가치가 전혀 없다고 생각한다. TV에서 흘러나오는 정보는 결국 정부의 정책을 홍보하기 위한 것이기 때문이다.

거꾸로 정부의 속내가 무엇인지, 앞으로 어떤 동향을 보일지 파악하려면 TV가 좋을지도 모른다. 예를 들어 일본 자민당의

헌법 초안에는 가족을 소중히 하라는 문장이 들어 있다. 보수적인 가정관이긴 하지만, 노인들의 간병을 국가의 복지로 해결하기보다 가정의 책임으로 돌리려는 재무성과 후생노동성의 의도가 엿보인다.

TV를 볼 때는 정보의 이면에 어떤 속내가 있는지 파악하면서 봐야 한다. 해설자나 사회자의 의견에 대해 반론, 다른 견해, 자신만의 의견을 생각해 가면서 보는 것이 현명한 자세다.

독서든 인터넷 서핑이든 활용하기 나름

폭넓은 정보 수집이 필수인 시대를 살고 있지만, 좀처럼 시간이 나지 않는다는 사람들이 많다. 하지만 그런 말을 하는 사람들은 책을 처음부터 끝까지 전부 읽어야 한다고 생각하는 경향이 있다. 그런 방법으로는 평생 읽을 수 있는 책이 상당히 한정된다. 인생이 참 아깝다.

나는 이른바 '속독'은 하지 않지만 그 대신 각각의 <u>책에서 중요한 부분에 부표를 붙이고 그 부분만 숙독하는 '부분 숙독법'</u>을 쓰고 있다.

애써 읽은 부분을 강연이나 집필에 인용하는 등 재사용할 수 있기 때문이다. 그럼으로써 머릿속에도 지식으로 정착시킨다.
그러지 않으면 독서에 쏟은 아까운 시간이 헛수고가 되고 만다.

또 컴퓨터로 일을 할 때에는 기분전환이 필요하거나 시간적 여유가 있을 때 인터넷 서핑도 겸한다. 일석이조식으로 정보를 수집하면 시간이 들지 않는다.

예를 들어 뉴스 사이트에 '싱가포르 증권 거래 일시 중지'라는 기사가 뜨면 서둘러 클릭해 본다. '싱가포르의 주식 시장이 심각하군. 무슨 일이 벌어진 걸까?'라는 궁금증에 관련 기사를 읽어 본다. 그러자 기사 안에 '이중거래'라는 용어를 발견한다. '이중거래가 뭐지?'라고 모르는 단어를 만나면 곧바로 검색해 본다……. 그러는 사이에 아시아 시장의 흐름이 점점 보이기 시작한다.

이처럼 <u>인터넷으로는 뜻밖의 지식을 얻게 되는 경우가 꽤 많다.</u>

| 제3장 요점 정리 |

50세, 무엇을 어떻게 공부해야 할까?

1. 단순히 지식을 쌓는 게 아니라 독자적으로 파악하는 방법을 익혀라.

    50세가 넘은 사람이 배워야 하는 것은 지식 그 자체가 아니라 그 지식을 파악하는 방법이다. 시대가 요구하는 자질 역시 독자적 해석, 분석, 시점, 또 그에 기초한 의견이다.

2. 지금의 답이 10년 후의 답은 아니다.

    우리가 알고 있는 답은 어디까지나 현시점의 가설에 지나지 않는다. 이런 생각을 전제로 모든 지식과 정보를 대하는 자세가 중요하다.

3. 모든 일을 넓고 깊게 파헤쳐라. 항상 다른 답을 찾아라.

    전문 분야에서 쌓은 지식과 경험을 활용하지 못한다면 매우 안타까운 일이다. 깊은 통찰, 남다른 추론 능력이야말로 젊은 사람보다 경쟁력 있는 중장년층의 강점이다.

4. 공부는 하나의 답이 아니라 다양한 답이 있다는 것을 알기 위함이다.

    자신과 입장이 다른 사람과 만나거나 다른 가치관을 가진 사람의 책이나 기사를 읽으면 세상에 다양한 답이 있고 가치관이 있음에 놀라게 된다. 그것이 바로 공부다.

5. 그동안 쌓은 지식을 자신의 지혜로 만들지 않으면 의미가 없다.

    심리학자의 눈으로 경제를, 의학박사의 눈으로 정치를, 해외 영업을 오래한 비즈니스맨의 입장에서 당면한 문제를 파악해서 자신만이 할 수 있는 특별한 전문 분야를 만들자.

6. **공부하는 목적을 명확히 하라.**
    50세의 공부는 어떤 목적으로 무엇을 공부해야 할까? 보수? 좋아하는 것? 그게 아니라면 상위 단계로 오르기 위한 수단? 독립 혹은 창업? 그것도 아니면 사회 공헌? 다른 사람과의 교류? 막연하게 공부를 시작하기보다는 자신의 목적을 명확하게 파악한 뒤, 알맞는 공부를 선택하자.

7. **영어는 정보 수집과 외국인과의 교류 수단으로 배워 두자.**
    대화 상대 대부분이 네이티브 스피커가 아닌 시대에 발음이 나쁜 것은 피차일반이다. 부끄러워할 필요는 없다. 그보다 중요한 것은 대화의 내용이다.

8. **올바른 모국어를 다시 익혀라.**
    50세 이상의 성인이 모국어조차 제대로 사용하지 못한다면 의견 운운하기 이전에 무시당할 게 뻔하다. 영어와 달리 모국어를 쓸 때는 내용만큼이나 정확한 표현이 필수다.

9. **책은 폭넓게 부분 숙독법으로 읽는다.**
    바쁜 시간을 투자해 애써 읽은 책의 내용을 헛수고로 돌리지 않으려면, 중요한 부분에 표시를 해 놓고 그 부분만 숙독하는 '부분 숙독법'을 활용하자. 머릿속에 지식으로 정착시키기 훨씬 쉬워진다.

4

50세부터는
인풋보다
아웃풋?

넬슨 만델라Nelson Mandela는 46세에 반정부 모의와 기물 파손죄로 종신형을 선고받았다. 72세에 석방된 그는 일 년 뒤 만장일치로 아프리카민족회의 의장이 되었고, 남아프리카공화국 국민의 화해를 끌어냈으며, 민주적인 공화국을 설립하기 위해 싸웠다. 마침내 1993년 데 클레르크 정부와 통일 정부를 구상하기로 합의했다. 1994년 인종차별 없는 자유선거가 실시되었고, 그는 남아프리카공화국의 첫 흑인 대통령으로 선출되어 1999년 80세까지 임기를 채웠다.

공부한 것을 아웃풋해서 얻는 세 가지 효과

알고 있다는 기쁨과 알리는 기쁨

요즘은 상당히 분위기가 바뀌었다고들 하지만, 일본인은 비교적 근면하다고 일컬어진다. 사회인이 되어서까지 공부를 좋아하는 사람도 많은 편이다. 저출산의 영향으로 수험이 상당히 쉬워졌고, 의무교육 기간 동안 유토리 교육을 받은 젊은 세대보다 오십 대 이상의 세대가 공부하는 습관도 몸에 배어 있고 공부를 좋아하는 사람도 많다.

하지만 조금 문제가 있다. 아무래도 공부를 목적화하는 사람이 많다는 것이다. 그중 가장 두드러지는 것이 영어다. 오로지 인풋에만 열중한다.

수험 공부도 똑같다. 명문 대학교에 들어가는 것이 목적인 학생이 적지 않다. 대학 교수도 마찬가지다. 교수라는 직업의 장점은 연구비를 받아 운용하면서 노벨상 수상 등을 목표로 자신이 정말 하고 싶었던 연구를 하는 것인데, 일본에서는 교수가 되는 것을 최종 목표로 삼고 이전 연구에 대한 공로를 사회적으로 인정받았다는 지위쯤으로 취급하게 되었다.

각종 자격시험이나 입시, 사내 승진시험처럼 목적이 명확한 경우라면 시험을 대비해 문제집 등을 풀고 공부해야 하지만 이 외에 자기 나름의 사상을 갖거나 독자적인 시점을 갖기 위한 공부, 정보 수집을 위한 공부의 출구는 어디일까?

원래 공부는 어떠한 형태로든지 아웃풋하기 위한 것이다. 그런데 공부한 것을 아웃풋하는 사람은 매우 적다. 책을 읽어 얻은 지식을 이용하지 않고 의외로 그에 대해 이야기하지 못하는 사람도 많다.

그런 사람들은 무엇을 위해 공부하는 걸까?

아마 이런 것까지 알고 있다는 자기만족일 것이다.

아는 기쁨. 이해하는 기쁨. 그 수준에 안주하지 말고 한 걸음 더 나아가자. 아이들조차 자신이 알게 된 지식을 열심히 주위 사람들에게 '저기 있잖아요, 이거 알아요?' 하면서 알리려고 한다. 알고 있다는 기쁨과 동시에 알리는 기쁨을 맛보는 것도 좋지 않을까.

일례로 TV 패널의 말을 그대로 인용하면 '그건 오늘 아침 TV에 나왔던 말 아냐?'라고 주위의 비웃음을 살지도 모른다. 그러나 그것을 십 년간 매일 하면 이야기는 달라진다. '저 만물박사에게 물어봐'라는 말을 듣게 될 것이다.

즉, 아웃풋을 하면 사회에서 일정한 지위를 얻을 수 있다. 그리고 그것은 우리가 무엇보다 은밀하게 원하는 바다.

'사용'하는 것만으로 기억 트레이닝

배운 것을 아웃풋하면 또 하나의 큰 보너스를 얻을 수 있다. 제2장 '50세, 공부를 못하게 막는 장벽은?'에서도 이야기했듯이 아웃풋하면 기억이 정착한다.

예를 들어 세계사 시간에 배운 내용을 암기 카드를 만들어 기억하는 것보다 실제로 문제집을 풀면서 시험에 나오는 형태로 기억하는 편이 훨씬 더 효율적인 것과 비슷하다.

더불어 기억한 것을 실제로 말하거나 문장 속에 인용해서 '사용'하는 것만으로 이른바 반복 연습, 복습이 되어서 기억이 정착한다.

<u>아웃풋 자체가 기억 트레이닝인 셈이다.</u>

또한 보통 사람들이 한 번 듣고 흘려 버리는 정보를 아웃풋하면 박식해 보인다. TV 패널의 말을 자기 생각인 것처럼 말하다 보면 일 년 후에 "많이 아네!"라는 칭찬을 듣게 된다.

또한 아웃풋을 목적으로 인풋하다 보면 처음부터 정보를 정리해서 기억하기 때문에 그 효과도 더욱 커진다.

아웃풋 자체가
또다른 정보 수집의 기회

임원 회의에서 프레젠테이션을 하게 된 경우, 준비를 하다 보면 다양한 자료를 수집하고 정리하게 된다. 동창회 회보에 자신의 전문 분야에 관한 원고를 청탁받아도 마찬가지다.

아무리 잘 알고 있는 사안이라도, 제대로 된 문장으로 설명하려면 최신 데이터를 모으는 등 각종 정보를 수집해야 한다. 그리고 글을 쓰거나 프레젠테이션용 자료를 만드는 동안에 새로운 정보가 자연스럽게 자신의 지식으로 정착한다. 마치 문제집으로 지식을 정리하면서 익히는 공부법과 같다.

아웃풋이라는 목적을 위해 인풋한다.

그러면 처음부터 정리된 상태에서 효율적으로 정보를 수집할 수 있다.

더욱이 질문 같은 반응이 있으면 다시 조사해 답하는 등 아웃풋 자체가 또다른 정보 수집의 기회가 되기도 한다.

아웃풋으로
새로운 지식 만드는 비결

언젠가 《사고 정리학》이란 책을 쓴 도야마 시게히코(外山滋比古) 씨와 대담을 나눌 기회가 있었다. 그때 도야마 씨는 나이가 들면 공부 따위는 하지 않아도 된다고 했다. 여기에서 말하는 '공부'는 인풋을 의미한다. 즉 인풋에만 매달리지 말고 아웃풋하는 것이 바람직하다는 말이다. 실제로 도야마 씨는 주 2~3회 비교적 고령의 동료들을 모아 서로 다양한 이야기를 나누는 자리를 마련한다고 한다.

  아마도 나이가 들면 새로운 것을 배우는 것보다 그동안 쌓아온 지식을 활용해 어떤 것을 만들지 고민하는 편이 바람직하다는 의미일 테다.

  이와 같은 입장은 하인츠 코헛(Heinz Kohut)이라는 정신분석학자의 주장과 같다. 그는 말년에 거의 자신의 전공 분야에 관련된 책을 읽지 않았다고 한다. '미스터 정신분석학자(Mr. psychoanalysis)'라고 불릴 만큼 박식하고 온갖 문헌에 통달한 사람이었지만, 50세를 지나서는 정신분석 관련 서적을 읽지 않았다는 건 유명한 일화다.

  말년에 자신의 전공인 정신분석 책보다는 철학이나 정치학 서적을 읽고 전문 분야와 관련한 지식이나 사색에 응용하는 데 전념한 것이다.

반론과 비판을
준비하는 아웃풋

누구나 베스트셀러 작가가
될 수 있는 공간

　　　　　얼마 전까지 보통 사람이 아웃풋을 하려면 신문이나 잡지에 투고하거나 내켜 하지 않는 부하를 거느리고 술집 주인과 손님들에게 '말 많은 아저씨' 노릇을 하는 수밖에 없었다.

　가끔 원고 청탁을 받거나 강연이나 연설, 스터디 강사 혹은 학회 등의 심사 위원이나 프로그램 패널로 참석해 달라고 의뢰받는 일이 있을지도 모르지만, 그런 기회는 손꼽을 정도다. 책을 내거나 잡지에 글을 연재해서 받는 원고료나 강연료로 수입을 얻는 것은 어느 정도 명성을 얻은 사람뿐이다.

그러고 보면 좀처럼 아웃풋을 공부의 목적으로 삼기 어려웠던 까닭이 이해되기도 한다.

하지만 지금은 인터넷 상에서 누구나 자유로이 자기 의견을 표현할 수 있는 시대다. 블로그나 페이스북, 트위터 같은 개인 공간에 기사를 쓰거나 유튜브에 동영상을 올리고 뉴스 큐레이션(News curation)* 사이트에 의견을 투고할 수도 있다. 자신이 쓴 글에 간단하게 과금할 수 있는 서비스도 있다. 무명의 회사원이 인터넷 블로그를 통해 베스트셀러 작가가 되어 회사를 그만두는 것은 더이상 신기한 일도 아니다.

따라서 아웃풋하려면 우선 인터넷 상에서 제대로 된 활동을 시작할 것을 권한다.

아웃풋할 때
미리 각오해야 할 점

모처럼 블로그나 페이스북을 시작해 놓고 무난한 주제나 본인 이외에 아무도 관심을 두지 않을 지극히 사적

---

* 개인에게 필요한 뉴스만 모아서 제공하는 개별화된 뉴스 서비스.

인 일상사 혹은 뉴스 기사만을 단순히 '공유'하는 사람도 적지 않다.

요컨대 자기 의견이 없다. 참신한 생각이 없다. 일부 사람만 알 수 있는 전문 분야의 뒷얘기도 없다. 그래서 재미없다. 따라서 사람들이 읽지 않는다.

왜일까? 반론이 두려워서? 자기 의견이 없어서? 둘 중 하나일 것이다.

앞에서도 살짝 언급했지만 아웃풋을 할 때에는 반드시 누군가의 반론이 나올 수 있음을 각오해야만 한다. <u>많은 이들이 그런 상황을 두려워하지만, 그렇다면 처음부터 반론을 예상하고 아웃풋하면 된다.</u> 반론의 반론을 위한 인풋의 계기가 될 것이다.

아베 총리를 보면 상당히 반격을 잘한다고 느낀다. 제1차 아베 내각 때에는 금방 발끈하거나 정색했던 성향이었지만, 최근에는 "제가 언론의 자유를 통제하고 있다고 생각한다면 이 자료를 봐 주십시오"라고 자기를 비판한 기사를 역으로 제시한다.

일반적으로 일본인은 반론이나 비판을 극도로 두려워해 그것을 피하려고 머리를 쓰는 경향이 있는데, 그게 통하는 건 일본뿐이다. 다른 나라에서는 통용되지 않는다. 이제는 반론이나 비판에 제대로 대답할 능력을 갖추어야 할 때다.

그게 아니라도 당연히 반론을 각오하고 글을 쓰는 것이 멋져 보인다. 오히려 전혀 반론이 없는 것을 두려워해야 한다. 자신의 주장을 아무도 주목하지 않았다는 증거이기 때문이다.

처음부터 전략적으로 이런 반론이 나오면 좋겠다고 전략적으로 발신할 수도 있다. 반론이 나올까 봐 수동적으로 대처하기 때문에 두려워지는 것이다. 당연히 반론이 나올 거라고 여기고 미리 준비하면 오히려 지적인 게임이나 대결처럼 즐거움도 느끼고 뇌의 활성화에도 도움이 된다.

한 가지 주의할 점은 차별 발언은 반론이 아니라는 사실이다. 인터넷의 단점은 모국어 독해력이 없는 사람이나 품격 없는 사람이 때때로 맥락을 잘못 짚은 차별 발언으로 반론을 한다는 것이다. 하지만 그런 무리를 상대하지 않는 방법, 반론하는 방법도 있으니 걱정할 필요는 없다.

글쓰기와 말하기는
대표적인 아웃풋 활동

실언과 애드립까지
연습하는 정치인

　　　　　　글쓰기 이외의 대표적인 아웃풋 활동은 '말하기'다. 흔히 미국인에 비하면 일본인은 스피치가 서툴다고 일컬어진다. 정치가가 그 전형이라고 할 수 있다. 자기 의견을 확실하고 당당하게 표현하는 것을 바람직하게 여기는 구미와 모난 돌이 정 맞는다며 화합을 존중하는 일본은 사회적으로나 문화적으로 차이가 있을지 모른다. 그러나 그 이상으로 말할 기회와 리허설 횟수의 차이가 크다.

　미국에서는 대중 앞에서 말하는 능력을 중시하기 때문에 그를 위한 리허설도 매우 중요하게 여긴다. 실제로 연설하기 며칠

전부터 여러 차례 리허설을 한다.

  미국인들은 원래부터 애드립이 능숙하게 태어났다고 여길지도 모르지만, 실언과 폭언투성이처럼 보이는 트럼프 대통령의 연설도 뛰어난 연설문 전문 작가가 써 준 원고와 철저한 리허설이 쌓여 만들어진 것이다.

  대통령이나 거물 정치가급이 되면 연설이나 토론 전에 실전처럼 다수의 청중을 모으고 실전과 똑같은 연설, 질의응답, 여러 전문가에 따른 엄격한 팩트 체크, 피드백 등 꼼꼼한 준비가 이루어진다. 복장과 머리 모양은 물론 사소한 표정 하나, 목소리의 억양처럼 사소해 보이는 하나하나가 전부 체크해야 할 포인트가 된다.

  일본의 총리들은 남이 써 준 원고를 앵무새처럼 그대로 읽기만 한다는 비판이 많은데, 최근에는 다양한 전문가들이 참여하는 것 같다. 다만 연설문을 그대로 읽을지 말지, 영어 연설인 경우엔 자기가 직접 연설할지 말지, 연습했는지 아닌지는 사람에 따라 다르다고 한다.

스피치가 서툰 사람에게
꼭 필요한 연습

정치가라면 모를까 일반인인 우리는 스스로 자신의 연설문 작가가 되는 것부터 첫 발을 내디뎌야 한다.

스피치가 서툰 사람들을 살펴보면 연습은커녕 원고도 쓰지 않는다. 원고를 써 보는 것은 절대 빠지면 안 될 중요한 작업이다. 초고 단계에서는 뼈대 만들기부터 시작해, 중간 중간 들어갈 스토리와 에피소드를 적절하게 배치하고 마지막 클라이맥스까지 고려해 청중의 귀를 사로잡을 방법을 여러 번 고쳐 쓰며 연구해야 한다.

비록 연습이지만 원고가 완성되어 실제로 입 밖으로 내서 말해 보면 분명히 이상한 부분이 나온다. 그런 부분을 계속 수정해 나가야 한다. 이러한 과정을 반복하는 동안 따로 힘들게 외울 필요 없이 자연스레 기억하게 되는 것이다. 그리고 완성이 되면 누군가에게 들려줘 보자. 상당히 겸연쩍은 일이지만 먼저 창피를 당하는 편이 실전에서 부끄러운 일이 생기는 것보다 훨씬 낫다.

정년 후 인생을
풍부하게 만드는 공부

평소 일상 대화를 할 때조차 이야기가 재미있는 사람과 그렇지 않은 사람이 있다. 어느 한 쪽을 택해야 한다면 재미있게 말하는 사람이 되고 싶다. 어쩌면 그런 능력을 쌓아가는 것이 정년 이후의 인생을 풍부하게 만드는 무엇보다 중요한 공부인지도 모른다.

작가 하야시 마리코 주변에는 늘 사람이 모이는데, 그녀가 유명인이기 때문만은 아니다. 하야시 씨의 이야기가 재미있기 때문이다. 입은 거칠지만 생각지도 못한 곳에서 사람들을 끌어들인다. 타고난 재능이라 여기는 사람도 있을지 모르지만, 이야기가 재미있는 사람은 사실 남을 배려하는 사람이기도 하다. 상대방을 즐겁게 만드는 서비스 정신 말이다. 그런 부류의 사람들은 자신보다 상대방을 어떤 기분으로 만들지, 그 자리를 어떻게 해야 화기애애하게 만들지 항상 분위기를 살핀다.

삼십여 년 전 일본에서는 〈우동 한 그릇〉이라는 다소 감상적인 스토리가 인기를 끌었다. 주간지, 신문, 라디오, TV는 물론 결국에는 중의원 예산위원회에서도 주목을 받아서 영화로도 만들어졌다.

설달그믐, 우동 한 그릇을 주문해 나눠먹는 가난한 가족과 그들을 지켜보는 우동가게 주인의 짧은 신파풍 이야기인데, 어쨌든 스토리텔링이 뛰어나다. 몇 번이나 들어서 잘 아는데도 매번 감동하고 똑같은 부분에서 눈물을 흘린다. 이 작품을 쓴 작가는 이 이야기 하나로 일본 전국을 순회하며 강연을 했다고 한다.

감동적인 이야기인 까닭에 국민 모두가 실화라 여겼지만 얼마 안 있어 창작 소설이라는 소문과 작가의 과거 스캔들이 주간지에 보도되면서 사람들의 관심은 사그라들었다.

그러나 한때 그 이야기에 대부분의 일본 사람이 넋을 잃고 감동했던 것은 사실이다. 가능하면 나 역시 그런 경지에까지 이르고 싶다.

아웃풋으로 얻을 수 있는
최대의 보수는?

　　　　　　　무엇인가 쓰고 이야기한다고 반드시 수입으로 이어지지는 않는다. 책을 좋아해 서평 블로거로 활동하다가 책을 내거나 라면을 좋아해서 전국의 라면집을 찾아다니며 블로그에 글을 올리다가 라면 전문가로서 대중 매체에 출연하는 기회가 생길지도 모른다. 연극을 좋아해서 소극장을 돌며 비평을 쓰는 사이에 관계자의 눈에 띄어 각본을 의뢰받는 일도 생길지 모른다(실제로 들었던 이야기다).

　그러나 그런 행운을 손에 넣는 사람은 극소수일 뿐이다. 유명인 중에도 원고료나 강연료만으로 생활하는 사람은 그야말로 극소수다. 여러 작가에게 들은 바에 따르면 상을 받아도 그 후 작가로서 제대로 된 수입을 올리는 사람은 극히 일부에 불과하다고 한다.

그러므로 아웃풋이 반드시 금전적인 수입으로 연결되리라 기대하지 않는 편이 현명하다.

소소하게나마 아웃풋을 계속하면 반드시 팬이나 팔로워 혹은 뜻을 같이하는 동료가 나타난다. 새로운 인연이 생기는 것이다. 거기에서 예상치 못했던 새로운 세계가 펼쳐질지도 모른다.

아웃풋으로 얻는 최대의 보수는 거기에 있다.

| 제4장 요점 정리 |

50세부터는 인풋보다 아웃풋?

1. 인풋이 아니라 아웃풋으로 공부하라.

    책을 읽어 얻은 지식에 대해 얘기해 보라고 하면 말문이 막히는 사람이 의외로 많다. 알고 있다는 기쁨보다 알리는 기쁨이 더 크다. 공부는 써먹으려고 하는 것이다.

2. 아웃풋해서 기억을 정착시켜라.

    기억한 것을 입밖으로 내거나 문장 속에 인용하는 것만으로 반복 연습, 복습이 되어서 머릿속에 정착한다.

3. 아웃풋의 기회를 적극적으로 만들어라.

    지금은 누구나 자유로이 발신할 수 있는 시대다. 블로그나 페이스북, 트위터 같은 개인 공간에 글을 올리거나 유튜브에 동영상을 올리고 뉴스 사이트에 의견을 투고해 보자.

4. 반론이 생길 정도로 아웃풋하라.

    반론과 비판을 당연시하자. 당연히 반론이 나올 거라고 여기고 미리 준비하면 오히려 지적인 게임을 하듯 즐거워지고 뇌의 활성화에도 도움이 된다.

5. 스피치가 능숙해지는 비결은 원고 쓰기와 꼼꼼한 리허설이다.

    실언과 폭언투성이처럼 보이는 트럼프 대통령의 연설도 뛰어난 전문가들의 도움을 받아 만들어진 것이다. 원고를 쓰고 리허설을 하면 실전에서 부끄러운 일이 생기는 것을 방지할 수 있다.

6. 평소에도 상대방을 즐겁게 만드는 방법을 연구한다.

    이야기가 재밌는 사람은 남을 배려하는 사람이기도 하다. 상대방을 즐겁게 만드는 서비스 정신을 발휘하면 생각지도 못한 곳에서 사람들을 끌어들인다.

7. 새로운 인연이야말로 아웃풋으로 얻을 수 있는 최대 보수다.

    아웃풋을 하면 반드시 뜻을 같이하는 동료들이 생긴다. 함께하는 사람이 생기면 생각지 않았던 새로운 세계가 펼쳐진다.

5

50세부터의 공부가 가져다 주는 이득은?

'모제스 할머니'로 알려진 미국의 국민 화가 안나 메리 로버트슨 모제스 Anna Mary Robertson Moses는 지극히 평범한 시골 아낙이었다. 그녀가 붓을 들고 그림을 그리기 시작한 것은 72세 때다. 정겨운 시골 풍경을 그린 소박한 그림으로 뉴욕 미술 무대에 데뷔한 것은 80세가 다 된 어느 날이었다. 인기 화가가 된 그녀의 작품은 미국은 물론 유럽과 일본에서도 전시되었고, 그녀의 그림은 크리스마스카드로 제작되기도 했다. 101세에 세상을 떠났을 때 그녀가 남긴 그린 그림은 무려 1,600여 점이었다. "인생은 우리 자신이 만들어가는 거예요. 언제나 그래 왔고 앞으로도 그럴 거예요."

노화하는 전두엽을 활성화하는 습관

50세는 아직 노인이라 부를 수 없고, 대부분의 노화 현상도 시작하지 않은 때다. 노화 현상이라 부를 수 있는 것은 고작해야 노안이 시작되고 사람에 따라서는 흰머리가 늘거나 머리숱이 줄어드는 정도일 것이다. 그러나 앞으로 찾아올 노후 생활의 수준이 결정되는 중요한 시기이기도 하다. 그렇기 때문에 지금까지 여러 측면에서 '공부'에 관해 살펴본 것이다. 마지막으로 중요한 사실을 몇 가지 정리하고자 한다.

충격적인 사건이나 정치·경제적인 문제가 발생하면 언론을 중심으로 식자들은 여러 해석을 내놓기 마련이다. 그때 항상 그들과 다른 견해는 없는지 따져 봐야 한다. 사건의 이면을 깊이 파헤쳐야 한다.

처음 찾은 음식점에서는 그 가게의 매출을 유추해 보자. 개선점은 없는지, 만약 자신이 경영자라면 어떤 부분을 보강할지 몇 가지 전략을 짜 보자.

매일 밤 나는 헌법을 개정하게 되면 어떻게 바꿀지, 대기업 사장이라면 어떻게 살지, 남들이 보면 바보라고 여길 여러 가지 일을 상상한다. 가는 곳마다 이렇게 바꾸면 좋지 않을까 개선점을 살펴보기도 한다. 이것도 엄밀히 말하면 취미인데, 다른 사람과는 차별화된 시점을 갖는 데 꽤 도움이 된다. 전두엽이 활성화하는 것은 물론이다.

재미있는 할아버지가
되기 위한 조건

지금 강의를 나가는 대학원에도 임상심리사가 되려고 들어온 60세 이상의 학생들이 있다. 원래 머리가 좋은 사람들이어서 자격은 충분하다고 생각한다. 인생 경험이나 사회 경험이 풍부하니 그중 몇 명은 반드시 인기 있는 상담사가 될 것이다.

그러나 그러한 사람들은 소수에 불과하고, 대개는 그저 대학원을 졸업하고 자격증을 따기 위해 다니는 것처럼 보인다. 무의식 중에 자격증을 취득하거나 석사 학위를 받는 수준에서 만족해 버리는 것이다.

공부를 좋아하는 사람이라도 어디까지나 취미로 공부할 때가 많다. 나중에 사회에 환원하여 결과를 내기보다는 공부하고 있다는, 노력한다는 과정에 자기만족을 하는 사람이 많은 것이다.

공부 자체는 전두엽을 활성화시키는 데 바람직한 일이다. 하지만 중년의 공부는 과정보다 결과, 특히 단기적인 결과보다 장기적인 결과를 목표로 하는 게 바람직하다고 생각한다. 무엇이든 수입이나 사회적 성취로 연결시켜야 한다는 뜻은 아니다. 장기적인 결과는 손자나 증손자에게 '할아버지 이야기는 언제나 재밌다'라는 칭찬을 듣는 수준이어도 상관없다. 단순한 자기만족보다는 그 편이 훨씬 낫다.

건강한 고령자는 모두 수다쟁이?

건강한 노후를 위해서는 스스로 계속 움직이는 것이 중요하다. 반드시 자신의 발로 걸어다녀야 한다거나 운동이 중요하다는 의미는 아니다.

일본의 나가노 현은 얼마 전 남녀 모두 평균수명이 일본 1위를 기록했다. 이전과 비교하면 등산도 하지 않고 곤충도 먹지 않게 되었다(삼십 년 전 조사에서 남성의 평균수명이 오키나와 다음으로 일본에서 2위를 차지했을 때 이 두 가지 조건을 근거로 들었다고 한다!). 그럼에도 불구하고 1위를 차지했다.

옛날과 비교하면 고령자들이 덜 움직이게 되었는데, 수명은 늘어나고 있다. 소설가처럼 집에 틀어박혀 일하는 사람들이 오래 사는 경우도 많아졌다.

걷는 것이 건강과 장수에 도움이 된다는 주장은 앞으로 의심받을 것이다. 운동이 뇌를 자극한다고 하지만 이제는 공부가 뇌를 더 직접적으로 자극할 것이다.

어쨌든 몸을 움직여야 할 필요는 있다. 그러나 반드시 자신의 다리 힘으로 걸을 필요는 없다. 운전이든 휠체어든 다 괜찮다. 스스로 이동할 수 있으면 그것으로 족하다.

노안에는 돋보기, 귀가 안 들리면 보청기가 있듯이, 다리가 약해지면 휠체어의 도움을 받으면 된다. <u>나이가 들어서 유지해야 하는 것은 운동 기능이 아니고 액티비티다.</u>

실제로 미국에서는 스스로 운전할 수 없어졌을 때 실버 타운에 들어간다. 주변을 살펴보면 지방에 사는 고령자들은 도시에 사는 고령자보다 외출을 귀찮아하지 않는다. 집 앞에 주차해 놓은 차를 타고 어디든 갈 수 있기 때문일 것이다. 그래서 나는 '고령자 면허 반납' 정책에는 원칙적으로 반대한다. 지방에서는 사고를 걱정할 만큼 보행자가 많지 않기 때문이다.

또한 건강한 고령자들은 모두 수다쟁이다. 말하고 싶은 일이 끝없이 생기기 때문일 것이다. 하고 싶은 말이 있는 사람, 자기 의견을 피력하는 사람 들은 그 의견에 대한 찬반은 차치하고 멋있다고 생각한다. 그런 성향의 사람들은 나이를 먹어도 파워풀하다. 아시아 최초로 노벨 물리학상을 수상한 이론물리학자 유카와 히데키(湯川秀樹)도 죽기 직전까지 반전 운동을 펼쳤다. 아인슈타인도 말년에는 반전 운동가로 활동했다. 액티비티했던 것이다.

바꾸어 말하면 하고 싶은 말이 있는 동안만큼은 건강하게 살게 된다는 뜻이다.

지금까지의 승리가, 패배가……
과연 끝일까?

　공무원은 고위직을 목표로, 회사원은 임원을 목표로, 대학 강사는 교수 혹은 학장을 목표로, 정치가는 장관이나 대통령 혹은 각 지역의 행정가를 목표로 열심히 살고 있다. 그러나 50세가 되면 슬슬 노력의 승패가 보일 때다. 인생이란 경주에서 한순간의 승패만을 위해 이제까지 살아왔다면, 승리가 결정된 사람이나 패배가 결정된 사람이나 양쪽 다 불행해질 뿐이다. 인생은 앞으로도 길게 지속될 테니 말이다.

　마음가짐에 따라 어떤 사람에게는 행운이기도 하다. 인생은 앞으로도 길게 남았기 때문이다. 죽기 전에 비참한 생각을 하지 않아도 되는 인생을 지금부터 시작할 수 있다. 이제까지 품어 온 목표가 결코 전부가 아님을 눈치 챘다면 아직 늦지 않았다.

남은 50년 인생이
행복하려면

그렇다면 앞으로 남은 50년 인생을 어떻게 살아야 행복한 인생이라 부를 수 있을까? 그 답은 첫 장부터 여러 번 언급해 왔듯이 사람들과 함께하는 삶이다.

그러려면 재미있는 사람이라 일컬어지는 것을 목표로 삼아야 한다.

뛰어난 사람, 멋진 사람이 아니라 재미있는 사람.

남들과 다른 시점을 갖고, 상대방을 즐겁게 만들 수 있도록 평소에도 대화를 통해 꾸준히 연습하자.

마지막으로 명심해야 할 사항은,

<u>사람들을 위해 쓰는 돈에 인색하지 말 것.</u>

<u>노후엔 오히려 이제까지 모아 온 돈을 쓰는 나이라고 생각해야 한다.</u>

　그래서 개인적으로는 아직 50세가 안된 사람들이 더욱 열심히 돈을 벌었으면 하는 바람이다.

| 제5장 요점 정리 |

50세부터의 공부가 가져다 주는 이득은?

1. 남들이 생각하지 않는 것을 생각하는 습관을 갖는다.

    다른 사람들이 바보 같다 여기는 생각이라도, 전두엽이 활성화될 뿐만 아니라 창의적인 시점을 갖는 데 도움이 된다.

2. 과정보다 결과, 단기적인 결과보다 장기적인 결과를 중시한다.

    공부하고 있다는 과정에 대한 자기만족보다는 목표를 정해 두고 공부하자.

3. 운동 기능이 아니라 액티비티를 유지하라.

    운동이 뇌에 자극을 준다고 하지만 공부는 뇌를 더 직접적으로 자극한다. 뇌의 활성화에는 운동보다 공부가 낫다.

4. 출세를 목표로 삼지 않는다. 인생의 목적을 섣불리 결정하지 않는다.

    인생은 길다. 레이스의 승패만을 위해 이제까지 살아왔다면 승리가 결정된 사람도 패배가 결정된 사람도 불행해질 뿐이다.

5. 은퇴 후에도 사람들과 함께하는 삶이야말로 진정 풍요로운 삶이다.

    사람들을 즐겁게 하기 위해 쓰는 돈은 아깝지 않다. 이제까지 모아 온 돈에 인색하지 말자.

글을 마치며

이 책을 끝까지 읽어 주셔서 정말로 감사하다.

이제까지 공부법에 관한 책을 좋아했던 독자 중에는 다소 불만인 분이 있을지도 모른다. 수험이나 자격증 시험은 목표가 확실하다(지망 학교의 출제 경향이나 다른 시험의 기출문제를 보면 무엇을 공부하면 되는지가 훤하고, 합격자의 최저점이나 커트라인도 대체로 파악할 수 있다). 그래서 어떤 내용을 공부하면 좋을지가 확실하고 구체적이다.

그런데 이 책의 주제인 50세 공부에는 명확한 목표가 없다. 따라서 그동안 내 책을 읽었던 독자들이라면 구체성이 부족하다고 느끼는 것도 당연하다.

다만 이 책을 읽다 보면 자연스레 깨닫게 되겠지만, 진정한 의미의 공부에는 목표가 없는 법이다.

50세 공부의
최종 목적지

그래서일까, 만일 자신이 목표로 삼았던 수준에 도달했다 해도 더 이상의 발전 없이 그 자리에 만족해 버린다면 결국 무엇을 위한 공부인지 모르게 된다.

목표에 도달하면 그것을 발판으로 한층 더 전진해야 한다. 예를 들어 자격시험에 합격하면 그것을 기반으로 무엇을 할 수 있을지 젊은 사람들과는 다른 시점으로 생각하는 게 중요하다. 젊은 세대는 자격증을 활용해 어딘가에 취업하는 것이 첫 번째 선택이 되겠지만, 50세 이후부터는 그 자격증을 독립했을 때 어떻게 활용할지까지 함께 고려해야만 한다.

만약 재미있는 사람으로 인정받더라도 제대로 깊이 공부하지 않으면 같은 이야기만 되풀이하는 짜증나는 할아버지로 전락하고 만다.

무엇보다도 중요한 최종 목적지는 죽는 순간이나 바로 그 직전쯤이라고 할 수 있다.

그때 많은 사람에게 존경받는 사람이 되어 있거나 자신의 인생에 후회가 없다면 대성공이겠지만, '옛날이 좋았는데……'라는 후회로 인생을 끝맺는다면 아무리 훌륭한 학자, 수재였다 해도 '과거에 공부 잘했던 사람'으로 끝나 버린다.

이 책을 읽고 자기 자랑이 심하다고 느꼈을지도 모르지만, 사실 이 책은 나 스스로를 경계하려고 쓴 책이기도 하다.

당신이 더 나이 들었을 때 가장 두려운 것은?

나 역시 앞으로 십 년, 이십 년은 글을 써서 먹고 살아야만 하고(와인과 영화 덕분에 주택 담보 대출금만 남았다), 영화도 몇 편 더 찍고 싶다. 그보다 이야기가 시시한 인간으로 여겨지거나 "와다 히데키도 나이 먹으니 머리가 좀 녹슨 거 아니야?"라고 뒤에서 수군대는 것을 누구보다 두려워하는 소심한 인간이기도 하다.

문화계 종사자로서, 작가로서, 영화감독으로서 아직 이류(어쩌면 삼류)인 나로서는(정신과 의사로서는 일류라고 자부하지만, 일본의 수준이 낮은 탓이라 지속적으로 미국에 다니며 공부하고 있다) 앞으로 얼마나 더 성장하느냐가 승패를 결정한다고 생각한다.

절대적 진실은 없다는 신념으로 살고 있지만, 이 책에는 적어도 시도해 볼 가치가 있는 것들을 나열해 놓았다. 이 책을 읽은

독자들이 나와 함께 공부를 지속해 나가는 동료가 되어 준다면
영광스러울 것이다.

• 와다 히데키

옮긴이의 글

　공부법에 관한 책은 자기계발서 분야의 큰 비중을 차지하며 꾸준히 출간되고 있다. 이 책의 저자 와다 히데키 또한 상당수의 공부법 책을 집필했으며 그중 여러 권이 베스트셀러가 되었다. 하루가 다르게 쏟아져 나오는 공부법에 관한 책 중에서 독자들의 선택을 받는 데에는 당연히 이유가 있을 것이다.
　도쿄대학교 의학부를 나와 일본을 대표하는 유명 정신과 의사로서, 남들이 부러워할 만한 커리어를 가진 저자가 어떻게 공부하면 자기처럼 성공할 수 있는지, 그 비법을 알려준다니 참 달콤한 제안이 아닐 수 없다.
　하지만 서두에서도 밝혔듯이 이 책은 저자의 전작들과 달리 구체적 공부법을 제시하는 데에 지면을 할애하지 않았다.
　그렇다면 저자는 무엇을 말하고 싶었던 것일까?

불안과 황망함을
컨트롤하기 위해 필요한 것

학교에 들어가는 순간부터 우리는 수없이 많은 공부법을 접하게 된다. 하지만 우리가 해 왔던 공부는 대부분 수험이나 취업에 초점이 맞춰져 있다. 정년을 앞둔 50세, 우리는 왜 지금까지 해 왔던 공부법을 버리고 새로운 공부를 시작해야 할까? 그렇다면 저자는 지금 시작하는 공부가 앞으로 얼마나 중요한지, 또 얼마나 필요한지에 대해서 말하고 싶었던 것 아닐까.

50세 전후에 접어든 사람들이 여전히 공부법에 관심을 놓지 못하는 이유는 그만큼 필요하다는 반증일 것이다. 책에서도 언급되는 '75세 현역 사회'의 공부법은 구체성을 띠기가 어려워 더더욱 세밀한 계획이 필요하다. 힘겨운 수험과 취업의 관문을 뚫고 사회 생활에 올인해 온 사람들이 50이 되고 60이 되고 70이 넘으면서 느끼는 불안감과 황망함을 컨트롤하기 위해 '공부'가 필요하다는 결론을 내린 저자의 의견에 수긍이 간다.

누구나 필요성은 절감하지만, 실제로 행동으로 옮기기 쉽지 않은 '중년의 공부'. 사실 머리로 아는 것과 행동으로 옮기는 것은 다른 차원의 문제다. 저자도 이 점에 주목했다. 다시 스타트 라인에 서야 한다는, 마음 한구석에서 스멀스멀 피어오르는 불안과 불만을 가라앉히는 게 무엇보다 중요하다. 많은 사람이 학습과 사회경험을 하면서 얻은 경험을 지혜로 여기지만, 그런 것들은 더 이상 공부하지 않을 빌미만 될 뿐이다. 즉, 저자는 갇힌 틀을 깨고, 변화하기 위해 노력하는 것이야말로 남은 50을 위해 지금 시작해야 할 인생의 진짜 공부임을 강조한다.

실천이 쉽지 않은 중년들이 실천 가능한 공부법

젊음을 유지하고 싶은 마음, 정년 후 창업해 돈을 벌고 싶은 마음, 다양한 사람들과 교류하면서 인맥 쌓기가 아닌 친구로서 교제하고 싶은 마음, 평생 마음속에서 꺼지지 않았던 소망을 이제라도 이루고 싶은 마음, 이 모든 것은 결국 공부로 귀결되고 있다. 이것이 절대 비약이 아님을 저자는 다양한 예시를 들어 소개하고 있는데, 사람들을 현혹하기 위한 비법이 아니라 독자에게 건네는 부드러운 권유라는 생각이 들었다.

저자가 강조한 '과정보다 결과가 중요하다'는 말도 고개를 크게 끄덕거리면서 옮겼다. 대부분이 그저 공부하는 행위, 공부하고 있는 자신의 모습에 만족하는 게 아닐까 싶다. 대단한 결과를 이뤄내고 돈을 버는 일을 해야 한다는 의미가 결코 아니다. 공부한 과정과 결과를 아웃풋하라는 의미다. 책을 읽거나 영어를 공부하는 그 자체에 만족하지 말고 아무에게라도 전하거나 기록하라는 의미다. 그로 인해 새로운 친분을 쌓고 유연한 사고를 하고 일상에 함몰되지 말라는 저자의 친근한 조언이다.

결국 공부와 우리의 삶은 절대 동떨어져 있지 않다. 목표를 달성하기 위해 기계적으로 내달린 자신을 돌아보라는 조언은 늘상 듣는 이야기다. 하지만 다른 한편으로 생각하면 우리가 그만큼 실천하지 못하고 있다는 의미일 것이다.

저자는 실천이 쉽지 않은 중장년의 공부법에 대해 실천 가능한 다양한 방법을 제시하며, 이것이 결코 이루지 못할 목표가 아님을 시사한다.

한편, 공감하기 어려운 저자의 화려한 이력이 독자들의 위화감을 불러일으키지는 않을까 살짝 걱정도 된다. 정신과 의사로서, 영화감독으로서 또한 다양한 단체에서 활발히 활동 중인 오십 대 저자가 제시하는 일류들의 공부법에 과연 독자들이 공감하기 쉬울까 하는 의문 말이다. 하지만 독자들은 책 곳곳에 쓰인 수많은 시행착오와 우리와 다르지 않은 인간적 욕망을 이루기 위한 노력에 공감의 미소가 지어질 것이다.

• 최진양

부록

**한국의
50세 중년이
다시
공부할 수 있는 곳**

대학교, 대학원

한국에는 성인재직자 및 만학도 특별전형으로 입시를 치르지 않고도 입학할 수 있는 전문대학과 대학교가 많다(2018년 입시 기준 100개 이상의 대학에서 3,700여 명을 선발할 예정이다). 하지만 대학마다 전형 방법과 조건이 조금씩 다르기 때문에 지원하려는 대학의 홈페이지 등을 자주 체크해야 한다. 또한 직장인과 경력 단절 여성, 만학도를 위한 장학금 제도까지 조건을 꼼꼼히 따져 보기 바란다.
만약 학사 학위가 있는 사람이라면, 관심 분야를 좀 더 깊이 있게 공부할 수 있는 대학원 입학을 고려해도 좋을 것이다.

방송통신대학교, 사이버대학교, 평생교육원

방송통신대학교, 사이버대학교는 일반 대학에 비해 학비도 저렴할 뿐만 아니라, 학기 중 수업 시간에 대한 자유도도 훨씬 높다(단, 방송통신대학교는 한 학기에 몇 차례 오프라인 강의에 출석하고 시험을 봐야 한다). 국가에서 학사 자격을 정식으로 인정해 주며, 재학 기간도 최장 십 년으로 여유롭기 때문에 일과 학업을 병행하며 자신의 속도에 맞춰 공부할 수 있다는 장점이 있다.

사이버대학교는 2016년 기준으로 고려사이버대학교, 경희사이버대학교 등 대학 20여 곳, 대학원은 9곳이 운영 중이다.

각 대학 및 여러 기관에서 운영 중인 평생교육원은 평생교육진흥원의 학점은행제와 긴밀하게 연계되어 있다. 일정 학점을 이수하면 학위 수여가 가능할 뿐만 아니라 사회복지사 등 각종 자격증도 취득할 수 있다.

한국방송통신대학교 www.knou.ac.kr
한국원격대학협의회 www.cuinfo.net (전국 사이버대학교 및 학과, 입학 정보 등을 소개)
국가평생교육진흥원 www.cb.or.kr

도서관 등 국공립기관

최근 공공도서관 이용률이 높아지고 있는 중장년과 노년층을 대상으로 각 지역 도서관들은 '길 위의 인문학' 프로그램 등 각종 강연과 탐방, 모임을 운영하고 있다. 자신이 어떤 분야에 관심이 있는지 가볍게 탐색해 보고 싶다면, 도서관 등에서 개최하는 프로그램에 참여해 볼 것을 추천한다.

각 지역 대표 도서관(가나다 순)

경기도사이버도서관 www.library.kr
광주광역시립도서관 www.citylib.gwangju.kr
대구광역시시립중앙도서관 www.tglnet.or.kr
부산광역시시립 시민도서관 www.siminlib.go.kr
서울도서관 lib.seoul.go.kr
울산중부도서관 www.usjl.or.kr
인천광역시 미추홀도서관 www.michuhollib.go.kr
전남도립도서관 lib.jeonnam.go.kr
전북도청도서관 library.jeonbuk.go.kr
제주특별자치도 공공도서관 lib.jeju.go.kr
한밭도서관 hanbatlibrary.kr

K-MOOC

MOOC는 수강 인원에 제한 없이(Massive), 모든 사람에게 수강 기회가 열려 있으며(Open), 웹 기반으로(On-line), 미리 정해진 학습 목표를 위해 구성된 강좌(Course)를 뜻한다. 미국에서 처음 시작돼, 2015년부터 K-MOOC라는 이름으로 한국에서도 시행되고 있다. 많은 대학이 교육 콘텐츠를 제공해 참여하고 있으며, 학습 기간도 단기(1~6주), 중기(7~12주), 장기(13주 이상)로 나뉘고, 한국어 외에도 영어 강좌도 개설되어 있어 양질의 대학 강의를 무료로 수강할 수 있다는 장점이 있다. 단, 수강신청 기간에 신청을 해야 강의를 들을 수 있으니 수강을 원하는 강의가 있다면 수강신청 기간을 놓치지 않도록 확인하도록 한다.

K-MOOC 홈페이지 www.kmooc.kr

직업 교육

고용노동부와 노사발전재단은 '장년 나침반 생애경력설계 프로젝트' 사업으로, 만 40세 이상의 근로자를 대상으로 퇴직 이후 경력 설계를 미리 준비할 수 있도록 다양한 업무 교육을 지원하고 있다.

생애경력설계 교육 신청
www.work.go.kr/senior/lifePlan/lifePlanSvcInvite.do

그 외

인문학 강좌

문학, 철학, 역사, 예술 등 인문학을 공부하고 싶다면 다양한 온/오프라인 강좌가 이미 활발하게 운영 중이다. 온라인 강의는 유료로 운영되는 곳이 많지만, 잘 찾아보면 기간을 한정해 무료로 들을 수 있는 강의도 꽤 있다. 오프라인 강의는 최근 출판사나 서점을 중심으로 다양한 인문학 강좌가 무료로 열리고 있으니 출판사 홈페이지나 SNS, 혹은 인터넷 서점의 이벤트 코너를 참고하기 바란다.

오마이스쿨(온라인 인문학 교육) www.ohmyschool.org
아트앤스터디(온라인 인문학 교육) www.artnstudy.com
출판도시인문학당(파주출판도시문화재단의 인문학 강좌) www.inmunclub.org

그 외

각 국가별 주한문화원

공부하고 싶거나 관심을 둔 분야가 외국어 및 외국 문화라면, 해당 국가의 문화원 홈페이지를 검색해 보자. 믿을 수 있는 강사들이 가르치는 어학 교육 프로그램뿐만 아니라 자국의 문화와 관련한 유익한 강좌, 행사가 많이 열린다. 활발하게 운영 중인 문화원을 몇 군데 소개한다.

주한영국문화원 www.britishcouncil.kr
주한프랑스문화원 www.institutfrancais-seoul.com
주한독일문화원 www.goethe.de/ins/kr/ko/index.html
주한일본대사관 공보문화원 blog.naver.com/bunkain
주한중국문화원 www.cccseoul.org

그 외

학원

자격증 취득이나 어학시험 등 단기간에 달성해야 하는 목표가 있다면 사설 기관을 통해 공부하는 것도 나쁘지 않다. 컴퓨터 활용 능력을 비롯해 외국어, 요리, 네일아트, 미용기술 등 재취업, 창업과 관련된 능력을 개발하는 학원 중에는 학원비 일부를 국비로 지원받을 수 있는 곳도 있으니 등록 전에 꼭 알아보도록 한다.

관심 분야의 동호회, 스터디 클럽 등

관심사를 공유하는 사람들과 여가 시간을 알차게 보내고 싶다면, 동호회나 스터디 클럽 활동을 추천한다. 포털 사이트의 카페 혹은 SNS에서 잠깐만 검색해 봐도 관련 동호회나 스터디를 쉽게 찾을 수 있을 것이다. 최근에는 스터디를 조직하고 운영해 주는 서비스를 제공하는 전문 회사도 생겨나 큰 호응을 얻고 있다.

트레바리(독서모임 기반 커뮤니티 운영 서비스) trevari.co.kr

남은 50을 위한 50세 공부법

초판 1쇄 발행 2017년 11월 5일
초판 3쇄 발행 2018년 3월 1일

지은이 와다 히데키
옮긴이 최진양
펴낸이 정용수

사업총괄 장충상 **본부장** 홍서진 **편집장(1실)** 박지원
기획 김은혜 **편집** 이미순 **책임편집** 홍희정
디자인 urbook **영업·마케팅** 윤석오 이기환 정경민 우지영

펴낸곳 (주)예문아카이브
출판등록 2016. 8. 8. 제2016-000240호
주소 서울특별시 마포구 동교로18길 10 2층(서교동)
대표전화 02-2038-3373 **대표팩스** 031-955-0505 **이메일** yeamoonsa3@naver.com
홈페이지 http://www.yeamoonsa.com **블로그** http://blog.naver.com/yeamoonsa3
물류센터 경기도 파주시 직지길 460(출판도시) **전화** 031-955-0550

ISBN 979-11-87749-46-2 13330
한국어판 ⓒ 예문아카이브, 2017

* 이 도서의 국립중앙도서관 출판예정도서목록(CIP)은 서지정보유통지원시스템 홈페이지
  (http://seoji.nl.go.kr)와 국가자료공동목록시스템(http://www.nl.go.kr/kolisnet)에서
  이용하실 수 있습니다. (CIP제어번호 : CIP2017026893)
* 책값은 뒤표지에 있습니다. 잘못된 책은 구입하신 곳에서 바꿔드립니다.